LUIS DEL ROMERO RENAU

La brecha rural

¿Y si el campo no fuera el pasado sino el futuro?

ALMUZARA

Primera edición: enero de 2026

Editorial Almuzara • Colección Sociedad actual
Editora: Rosa García Perea
Maquetación: Rosa García Perea

www.editorialalmuzara.com
pedidos@almuzaralibros.com - info@almuzaralibros.com

Editorial Almuzara
Parque Logístico de Córdoba. Ctra. Palma del Río, km 4
C/8, Nave L2, nº 3. 14005 - Córdoba

Imprime: Gráficas La Paz
ISBN: 978-84-10528-48-2
Depósito legal: CO-1854-2025
Hecho e impreso en España - *Made and printed in Spain*

Dedicado a todas las personas que aún creen y luchan por una ruralidad alegre, disidente y democrática en épocas oscuras.

Índice

PRÓLOGO

Los libros suelen expresar la forma que tienen sus autores de ver el mundo y de estar en él. En gran medida guarda relación con sus trayectorias profesionales y vitales. Y tienen un propósito: compartir argumentos y ofrecer explicaciones para enriquecer la conversación pública. Algo que en tiempos en los que la industria de la desinformación avanza de forma exponencial, es un bien tan preciado e imprescindible como escaso. Podríamos decir que la noble tarea de escribir y de compartir ideas, de exponer evidencias frente a creencias, de proponer una conversación democrática sobre cualquier proceso, se está convirtiendo en una tarea que cada vez encuentra mayores dificultades, si lo que se pretende es que las razones prevalezcan sobre las emociones manipuladas.

Uno de los ámbitos en los que los grandes monopolios agroalimentarios han centrado su atención es el relacionado con lo que ocurre en los territorios rurales, con el propósito de sembrar confusión, desacreditar el conocimiento experto para justificar lo injustificable y abrir espacios de confrontación con fines políticos. En el caso de los territorios rurales del Sur global las cosas han pasado a mayores desde hace tiempo: la violencia organizada se ha hecho presente para combatir los escasos espacios de resistencia que se abren camino. En general, la industria de la desinformación ha dado un salto cualitativo desde hace una década. Los «mercaderes agroindustriales» globales son también generosos «mercaderes de la duda» financiando actividades y campañas.

Por esa razón, cuando un autor o autora se adentra en determinados territorios hay que saludarlo de forma efusiva y agradecerle la decisión. También a la editorial que apuesta por ello. Este el caso del texto que ha preparado Luís del Romero. Un libro ambicioso desde el punto de vista temporal y espacial, muy bien concebido y sólidamente argumentado. Parte además de un objetivo que no suele estar al alcance de todos: cumplir la doble misión de ser de utilidad para estudiantes y expertos académicos, y a la vez ser muy accesible para amplios sectores de la ciudadanía interesada en saber más sobre una cuestión relevante.

Es un libro escrito por una persona que ha alcanzado su madurez intelectual y que además siempre ha sabido conciliar su misión como docente, con su compromiso como ciudadano implicado en causas justas. Madurez que se demuestra además por su capacidad para transitar por distintas disciplinas (historia, sociología, antropología, filosofía, ciencia política) además de la suya, la geografía, para construir un análisis original. En realidad, siempre fue una persona madura, como pude comprobar cuando tuve el privilegio de acompañarle en su etapa de formación como universitario. Ahora es un excelente profesor que además conoce bien distintas realidades de los territorios rurales de Europa occidental, así como los procesos que afectan a otros territorios del Sur global, en especial de América Latina. Una persona que durante décadas ha sabido combinar la competencia académica con el compromiso con su país, con las gentes que tienen menos voz y con el tiempo que le ha tocado vivir.

El texto aborda y explica los procesos que nos han traído hasta aquí y las contradicciones y los miedos de las personas que habitan en «los lugares que no importan», en las llamadas «periferias» del sistema, allí donde siguen transcurriendo las vidas de casi la mitad de la población mundial, aunque en Occidente sean minoría desde hace muchas décadas. El resultado es un texto en el que a partir de algunos hilos conductores hilvana una explicación coherente sobre las grandes cuestiones de fondo que explican la evolución de los territorios rurales y la situación actual: relación hombre -naturaleza, grandes rupturas, crisis y transformaciones del modelo tradicional, consecuencias sociales, territoriales y ambientales de la globalización neoliberal, nuevas y viejas ruralidades, las crisis de las ruralidades capitalistas, desigualdades territoriales, geografías del malestar, tensiones rural-urbano, inseguridades y miedo al futuro, entre otras y sugerentes cuestiones.

Y además el autor se atreve a compartir una propuesta original de nueva ruralidad disidente, ofreciendo una alternativa de reconfiguración de los territorios rurales frente a los cantos de sirena del relato populista y de su nostalgia estéril de imaginar un futuro regresando a modelos y tiempos que ya solo existen en su imaginación, pero que cuentan con notable audiencia, especialmente en comunidades rurales que sienten que los poderes públicos no se ocupan de ellos, porque su atención está más centrada en las grandes regiones urbanas y metropolitanas. A falta de políticas creíbles y concretas, el resentimiento encuentra en las opciones populistas de extrema derecha una vía de expresión. Y precisamente por ello el autor sugiere una alternativa.

El texto aborda los procesos de forma integrada y conjunta. Analiza, de una parte, la crisis de la agricultura tradicional en el mundo occidental, en especial tras la segunda guerra mundial, las grandes rupturas y los procesos de «desacoplamiento» ocurridos en las agriculturas familiares y la recomposición de los territorios rurales, ocurridos en la década de los ochenta del siglo XX, como bien analizaron Bertrand Hervieu y Bernard Kayser y la crisis, la inseguridad, la incertidumbre y el malestar profundo actual que afecta a gran parte de agricultores y agricultoras a ambos lados del Atlántico. De otra parte, los procesos de modernización selectiva, crecimiento excluyente, de «expulsión», en acertada definición de Saskia Sassen, y de generalización de modelos extractivos en las agriculturas y en los territorios rurales del Sur global. Para confluir en el proceso de agotamiento del modelo neoliberal, sus bases insostenibles y el riesgo de colapso.

En el caso de las agriculturas y los territorios rurales de Europa occidental, el lector y lectora encontrará argumentos para hacerse una mejor idea de cómo hemos llegado al punto en el que los agricultores organizan protestas masivas en buena parte de los países de Unión contra los bajos ingresos, las políticas agrarias, la burocracia y también las agendas ambientales. A finales de 2019 los agricultores bloquearon las grandes capitales europeas, y antes y después, con desigual intensidad, las protestas se repiten. Aquellas rupturas de los años ochenta (entre agricultura y explotación familiar; entre agricultura y territorio; entre agricultura y alimentación y entre agricultura y medio ambiente) dieron paso a procesos de «industrialización» creciente de la agricultura y la ganadería, participando, en lo básico, del modelo global definido por la concentración, monopolio y dependencia de los grandes grupos agroalimentarios globales.

Hace décadas que se han convertido en «asalariados» de bajos ingresos en sus propias explotaciones, que han comprobado cómo sus ingresos se han reducido porque los costes de los insumos se han disparado mientras que el precio de sus producciones en algunos casos mantiene los precios de hace décadas. Hasta el punto de que, si las subvenciones de la PAC no existieran, es seguro que decenas de miles de pequeñas y medianas explotaciones desaparecerían de forma abrupta.

Al propio tiempo, se produjo una profunda recomposición de parte de los territorios rurales de la mano del «éxodo urbano» hacia espacios periurbanos y áreas rulares intermedias, a medida que avanzaba una percepción positiva de lo rural (muchas veces idealizada), aumentaba la renta, mejoraban las comunicaciones y se extendía el Estado de Bienestar. Y pasaron a ser una minoría entre otros y cambió la geografía del poder y de los conflictos. El rural remoto y otros espacios intermedios irían quedando «vacíos», que no abandonados, pasando a ser los nuevos «territorios de sacrificio» destinados a albergar actividades indeseables en las áreas urbanas y a ser fuente de recursos y de producción de energía.

Territorios, en fin, que se debaten entre la «desertización» y el «renacimiento». Territorios que se destinan a la producción de alimentos, cada vez menos, pero estratégicos, y otros muchos que tienen nuevas funciones, algunas con el grave riesgo de «tematizar» los lugares de forma que los residentes no aceptan, ni entienden, ni están dispuestos a tolerar. En todos los casos las políticas públicas debieran ser fundamentales, pero los resultados no siempre son los deseables. De ahí las nuevas geografías del malestar y la nueva geografía de los conflictos. Y en el fondo, mientras el malestar y la inseguridad aumentan, sigue pendiente el gran debate sobre el futuro de nuestras zonas rurales y con la seguridad de sus gentes. Sami Naïr ha escrito un texto reciente que ha titulado Europa encadenada. Como metáfora aplicable a decenas de miles de agricultores y ganaderos es muy adecuada. Porque a la situación anteriormente descrita, se añaden las obligaciones derivadas de la Agenda Verde Europea. El autor nos sugiere una posible alternativa al modelo neoliberal que nos ha traído hasta aquí y una opción para salir del «círculo imposible de cuadrar» al que nos enfrentamos.

Mucho más complicado es el panorama que el autor describe para los países del Sur global. Porque en esos casos hablamos, no ya de soberanía, sino de seguridad alimentaria para centenares de millones de personas y de agricultores y agricultoras que desde hace décadas permanecen atrapadas en una espiral de hiperconcentración de los procesos en grandes grupos, total dependencia y endeudamiento.

Los procesos de modernización selectiva de la antes se hablaba, es decir, modernizando la parte de las grandes explotaciones agrícolas y ganaderas, dejando intactas las estructuras preexistentes sin reformas agrarias estructurales, y manteniendo al margen las agriculturas de subsistencia en las que se ocupaba y de las que vivía la mayor parte de sus poblaciones, acabó produciendo el éxodo masivo de esas poblaciones hacia las megaurbes de los respectivos países del Sur. Los cambios más profundos también se iniciaron en la década de los ochenta del siglo XX. Las consecuencias del modelo de monopolio creciente en esos territorios (apenas doce grandes grupos globales controlan todo el mercado mundial de alimentos) han sido brutales: reducción del policultivo, aumento de la pobreza rural, procesos de «expulsión» de comunidades rurales (no exentos de episodios de violencia) y de «extranjerización» en la compra masiva de tierra, deforestación masiva de ecosistemas vulnerables, aumento de las situaciones de emergencia alimentaria, endeudamiento de agricultores, creciente dependencia de importaciones de alimentos básicos por desabastecimiento, dado que la producción nacional de agricultura y ganadería se destina a la exportación, acaparamiento masivo de tierras (y de agua) y presiones insostenibles sobre los recursos y daños ambientales en muchos casos irreversibles. Y en todo el proceso una clara dimensión de género.

A ello hay que añadir la convergencia de tres procesos paralelos que acentuaron el control de los monopolios sobre semilla (primer eslabón de la cadena alimentaria): concentración económica, monopolio de patentes y derechos sobre propiedad intelectual e ingeniería genética de destrucción del ciclo planta-semilla (coloquialmente definido como tecnología terminator). En definitiva, «secuestro del suministro mundial de alimentos» como afirma Vandana Shiva, los agricultores rehenes de los monopolios agroindustriales, pérdida de soberanía alimentaria, y crecientes dificultades para agricultores convertidos en asalariados en sus propias explotaciones (hasta el punto de que como afirma el autor el suicidio por deudas está muy presente en muchas regiones del Sur). Esta es la cara oculta de la globalización. La otra, es todo el capítulo de extracción de minerales y madera y de privatización del agua que tanta violencia y tanto dolor está causando en centenares de comunidades rurales, especialmente en América Latina.

Coincido con Luis del Romero: el problema no es de recursos, es de modelo. El modelo impuesto por la globalización se ha demostrado injusto, desequilibrado, despilfarrador e insostenible desde el punto de vista social y ambiental y solo beneficia a unos pocos. Está agotado. De ahí la importancia de defender un giro territorial, social y ambiental basado en la idea de desarrollo local y justicia medioambiental. Una agenda alternativa, en definitiva. Como el autor se atreve a proponernos para su discusión. Ojalá esta ruralidad disidente que el autor defiende encuentre acogida en esta sociedad urbanita de soledades entrelazadas. Ojalá suba pronto la marea.

Joan Romero. Universitat de València

AGRADECIMIENTOS

Escribir este libro ha sido para mí una experiencia muy enriquecedora, ya no solo por la lectura de todo tipo de materiales sobre el mundo rural para documentarme, sino sobre todo por las vivencias y conversaciones mantenidas a lo largo de los últimos años con muchas personas vinculadas de una manera u otra con pueblos y aldeas que han sufrido el éxodo rural y la despoblación, tanto en España como en otros países. El germen de este libro se encuentra en un dossier que preparé hace ya unos años para la fundación FUHEM sobre el arte de vivir en la España vaciada. Gracias a Mónica Di Donato y a su equipo por su apoyo, así como a los valiosos comentarios sobre el mismo que hicieron como invitados de FUHEM Eva Sempere y Adrián Almazán.

El desarrollo de este libro ha ido en paralelo al de las vicisitudes vividas por la asociación de investigación-acción en la que participo desde hace más de una década, que tiene como centro principal de su actividad la diminuta aldea de Mas Blanco en el municipio de San Agustín (Teruel). Quiero agradecer a mis compañeros de aventuras Antonio Valera, Neus La Roca, Núria Salvador, Núria Esteve, David Salesa e Isabeau Ottolini por su implicación y participación en este proyecto que sigue vivo contra viento y marea. Las conversaciones con vecinos y amigos de esta ruralidad vaciada pero muy viva forman asimismo parte de este proyecto: Celia Igual, Práxedes Villanueva, Juan Arzálluz, Encarna Medrano o mi vecino pastor, Carlos Morón. También he de agradecer a otras compañeras y amigas por su activismo por el medio rural y su esfuerzo por construir desde la ruralidad y en el día a día un relato distinto sobre lo que es vivir en un pueblo: Chabier Alegre, Noelia Sánchez, Cristina Mallén, Estefanía Monforte y Sonia Sánchez desde Teruel; Artur Aparici, Jordi Marín y el Fórum de la Nova Ruralitat en Castellón, Anchel Reyes y Víctor Iguácel desde Huesca, las compañeras de Biela y Tierra desde Zaragoza y Burgos, así como al profesorado del Instituto de Educación Secundaria de Alpuente en Valencia y su empeño por defender un medio rural vivo, orgulloso de sí mismo y unido pese a todas las dificultades, que no son pocas. Por otro lado, para entender y poder analizar las ruralidades europeas y latinoamericanas fueron asimismo muy enriquecedoras mis conversaciones y debates con Elisabeth Gruber de la Universidad de Innsbruck (Austria), Diego Suescún y todo su trabajo sobre biodiversidad andina en la Universidad Industrial de Santander de Colombia, Sara Löwgren de la Universidad de Linköping en Suecia o Catherine Trudelle de la Universidad de Québec en Montreal, Canadá.

No obstante culpa de que este libro haya culminado en un texto legible es de mis colegas que aceptaron realizar una lectura crítica y aportaron comentarios muy valiosos: Hortensia Castro de la Universidad de Buenos Aires (Argentina), Lucas Cardozo de la Universidad Nacional del Litoral (Santa Fe, Argentina) y Artur Aparici de la Universitat Jaume I en Castellón (España). Agradecimiento especial a Joan Romero de la Universitat de València por su apoyo y aceptación a la hora de la dura tarea de leer y prologar este libro.

Por último no puedo dejar de agradecer a mis padres y a mi pareja Ana por todo su apoyo, acompañamiento y cariño durante todos los años que llevó la redacción de este texto. A todos vosotros/as, muchas gracias.

INTRODUCCIÓN

La ruralidad y la crisis de las democracias liberales

A nadie sorprende a estas alturas la afirmación de que las democracias liberales, todas en mayor o menor medida desde Estados Unidos y Latinoamérica, hasta Reino Unido o los miembros de la Unión Europea incluyendo a los países escandiavos, están en crisis. Se han escrito decenas de libros y bastantes más artículos de opinión sobre este tema, que vuelve una y otra vez a estar en la mesa de debate en los últimos años, sobre todo cada vez que se celebran elecciones donde triunfa o bien la abstención o bien opciones populistas que critican y menosprecian los regímenes democráticos y la separación de poderes.

Uno de los autores que quizás más ha estudiado esta cuestión es Manuel Castells que con su obra *Ruptura*, analiza el colapso gradual de la democracia liberal como forma de organización política. Esta ruptura se fundamenta en que la gran mayoría de los ciudadanos del mundo no consideran que los partidos políticos, las instituciones políticas y los políticos, los representan adecuadamente, una ruptura fruto de una desintegración interna de los grandes sistemas de representación democrática (Castells, 2017; 2019). Para el politólogo italiano Ermanno Vitale, para que exista una democracia mínima o procedimental, es necesario que exista, una serie de procedimientos universales que analiza el jurista y politólogo italiano Norberto Bobbio (2002: 322), entre los cuales hay tres básicos: la posibilidad de escoger al menos entre dos listas o dos candidatos que presenten programas efectivamente diferentes; que a las listas o a los candidatos se les hayan ofrecido las mismas posibilidades para dar a conocer a los ciudadanos tales programas y por último que todos los ciudadanos dispongan de las precondiciones económicas y culturales mínimas para comprender y evaluar, al menos a grandes rasgos, la calidad y la fiabilidad de los programas y las propuestas, así como de los candidatos que las avalan (Vitale, 2017). Sobre este último principio, recuerda Bobbio (2002: 310) es el interés de los ciudadanos por la cosa pública y el buen conocimiento que de ella pueda derivar, condición preliminar para el buen funcionamiento del régimen democrático. Solo manteniendo estos tres elementros es posible establecer la superioridad de la forma de gobierno democrática sobre sus rivales del siglo XX, la dictadura y el totalitarismo.

La crisis de las actuales democracias se fundamentaría en que estos mandamientos mínimos están lejos de cumplirse, o incluso nunca se llegaron a cumplir en numerosas sociedades rurales de las democracias liberales occidentales en un proceso histórico de degeneración de la democracia procedimental hacia formas de oligarquía electiva (Vitale, 2017). Volviendo a Manuel Castells, el origen de esta crisis se sitúa en varios procesos que se superponen. En primer lugar destaca la globalización neoliberal por la desigualdad que genera, el riesgo incrementado para capas enteras de la sociedad a un desclasamiento vertiginoso (Mbembe, 2023: 12) y una pérdida de poder de las clases trabajadoras (Crouch, 2004). Pero además destaca porque implica que los grandes problemas como las crisis económicas, la crisis climática o las crisis sociales son globales, pero las instituciones de gestión siguen siendo el Estado-Nación. Este Estado-Nación surgido de la modernidad y la Ilustración tras la caída del Antiguo Régimen solo puede actuar formando redes, de forma que el Estado se globaliza, mientras que la Nación se repliega a la defensa de la identidad nacional, regional o étnica (Castells, 2019).

Otro factor fundamental es la política mediática y las redes sociales, la espectacularización de la política y su reducción a una «política del escándalo» que busca mediante noticias falsas, discursos de odio y acusaciones de todo tipo destruir la credibilidad de los líderes políticos contrarios a través de la exacerbación de las diferencias políticas (Morelock y Narita, 2021), pero que termina erosionando la confianza en las instituciones por ser una táctica que emplean prácticamente todos los partidos políticos, ya que: «la deliberación racional es sustituida por la movilización afectiva y donde la verdad solo es uno de los disfraces de la mentira» (Arias, 2024: 14). Estamos en una crisis de civilización en la que todo lo que asegura nuestra supervivencia se ataca a golpe de clic de ratón, argumenta Bruno Latour (2023: 111) y donde el debate público se convierte en espectáculo puro y duro para las audiencias y la confrontación en redes sociales. Como defiende el antropólogo David Graeber, corremos el riesgo de que estas formas de gobierno espectaculares terminen convirtiéndose en espectáculo puro y duro (Graeber, 2019: 97).

Por último Castells sitúa como otro factor de gran importancia las economías criminales, muy potentes sobre todo en el sur global y el aumento de la inseguridad por ataques terroristas, así como la corrupción política, siempre presente en la historia de las democracias, pero aumentada en las últimas décadas como una expresión del individualismo y la búsqueda del interés personal de muchos políticos (Castells, 2019). Similar diagnóstico realizó hace ya más de 20 años el politólogo británico Collin Crouch con su término posdemocracia que la describe como la transición de la democracia a una mera «cáscara formal» donde la energía y el impulso innovador pasan de la arena democrática a los pequeños círculos de una élite económica con una creciente confusión entre intereses generales o públicos e intereses privados y un importante deterioro de la comunicación política, además de la globalización en términos muy similares a los expresados por Castells (Crouch, 2004).

Mientras las democracias liberales están en crisis, superpotencias como Rusia o China, o potencias regionales como Arabia Saudí o Turquía con regímenes poco o nada democráticos, parecen disfrutar de una inusitada estabilidad política y una cierta imagen de confianza y fortaleza frente a unos estados democráticos con una debilidad evidente. Como se verá más adelante, las democracias liberales occidentales son en gran parte responsables de las crisis globales que amenazan a la humanidad, encabezadas por el cambio climático, que lejos ya de poner en marcha acciones decididas para su mitigación, se muestran incluso incapaces de combatir sus efectos hasta en los países centrales en un incipiente proceso de colapso civilizatorio. Por ejemplo, democracias liberales consolidadas como España han padecido eventos extraordinarios relacionados con el cambio climático como la DANA de octubre de 2024, que quien escribe estas líneas vivió en primera persona y como consecuencia vio desaparecer el pueblo donde creció. Se trata de eventos destructivos por su peligrosidad pero exacerbados por una gestión durante y después de la crisis como mínimo mejorables. En un país acostumbrado históricamente a las inundaciones, este episodio dejó 230 muertos, 78 municipios afectados, la red de carreteras y ferrocarriles seriamente afectadas, más de 70.000 viviendas inundadas, 130.000 vehículos inutilizados y casi un millón de personas afectadas (Moncloa, 2024, Gargoi et al., 2024). De igual manera el incendio del condado californiano de Butler de 2018 también asociado al cambio climático, que destruyó una población entera de 27.000 habitantes y fue el más destructivo de la historia del Estado, evidenció que se cometieron numerosas negligencias tanto en la prevención como en el mantenimiento de conducciones de gas que dieron inicio al mismo (Melo, 2020). Más allá de eventos extremos relacionados con el cambio climático, en accidentes industriales como el de Fukushima ocurrido en 2011, se detectaron igualmente importantes fallos en la gestión de este desastre nuclear y un legado de contaminación que duró años (Labib y Harris, 2015). Un elemento en común entre estos tres desastres y otros muchos es el aumento de descontento ciudadano respecto a las administraciones públicas encargadas de velar por la seguridad de la ciudadanía. Volviendo al caso de España, a principios de noviembre de 2024, el presidente del Gobierno, el presidente autonómico valenciano y los mismos reyes de España fueron abucheados y violentados en su visita oficial, un ataque a la monarquía nunca visto en más de 45 años de democracia.

Sin embargo, si hay un territorio y una sociedad donde esta crisis de confianza en la democracia y su desafección es más que evidente es el rural. Un par de datos sirven para ilustrar esta afirmación. En Estados Unidos, aún hoy el país más poderoso del mundo y quizás la democracia liberal por excelencia, en 2024 ganó por segunda vez las elecciones Donald Trump, un candidato abiertamente hostil con los mecanismos y principios democráticos. Su triunfo se debe en gran medida a los excelentes resultados que cosechó en las áreas rurales de todo el país. Mientras que en los años 90 el Partido Republicano y el Partido Demócrata tenían un porcentaje muy similar de votantes inscritos (51 % republicanos y 45 % demócratas), en 2024 este porcentaje había variado substancialmente: 60 % votantes de Donald Trump frente a solo un 35 % de votantes demócratas (Pew Research Center, 2024). El Brexit, el triunfo y auge de la extrema derecha en países como Italia, Francia o Hungría también tuvieron un apoyo importante en sus territorios rurales y a principios de 2025 el segundo partido más votado en Alemania fue el ultraderechista AfD, que arrasó en zonas rurales germanas (Oliveres, Jara y Sánchez, 2025). En 2022 algunos estados amazónicos y rurales de Brasil como Acre, Rondonia o Roraima apoyaron a Bolsonaro, abiertamente partidario de la dictadura militar y enemigo de las formas democráticas, con más de un 70 % de los votos (Epdata, 2022). Igualmente en la primera vuelta de las elecciones presidenciales de Argentina de 2023 hubo provincias eminentemente rurales que votaron a favor de Javier Milei (Menegazzi, 2023), otro candidato populista con un discurso negacionista con el cambio climático e incluso contrario a consensos basicos como la violencia de la dictadura argentina. Esto significa que hay territorios rurales tanto en democracias plenas como menos desarrolladas que votan masivamente por opciones y candidatos abiertamente contrarios al actual modelo de democracia liberal, incluso en casos como este último que vivieron dictaduras militares relativamente recientes.

El objetivo de esta obra es explorar la historia de esta desafección creciente y cada vez más amplia de muchas áreas rurales con respecto al modelo de democracia liberal. Sobre todo nos centraremos en analizar la historia de desafección con el liberalismo económico desde sus fundamentos históricos y cómo la construcción política del Estado-Nación moderno acompañado desde su inicio de un programa económico liberal y en las últimas décadas neoliberal, sembló el germen de dicha desafección. Por lo tanto se defiende la tesis de que la actual desafección y resentimiento de muchas sociedades rurales con la democracia liberal tiene un carácter histórico, coincidiendo en su inicio con el propio nacimiento del moderno Estado-Nación liberal. A partir de una fase de acumulación originaria que daría lugar al capitalismo, primero mercantil, luego industrial y actualmente global y financiero, las nuevas élites burguesas y empresariales fueron construyendo un modelo de Estado-Nación que se podría resumir como limitadamente democrático o liberal en lo social, pero abiertamente en lo económico. El medio rural fue relegado a jugar un papel subsidiario y subordinado en la historia política y económica de estas democracias. Aun así, o quizás precisamente por esto, las sociedades rurales construyeron cosmovisiones propias que para la escritora Anna Jones se manifiestan en esferas como el trabajo, la alimentación, el medio ambiente, el bienestar animal o la comunidad (Jones, 2022). Dicho de otro modo, el odio a la democracia y al progreso tal y como lo entienden las ideologías socialdemócratas y liberales que durante más de un siglo han gobernado buena parte de las democracias liberales occidentales, se fundamenta en las violencias, extractivismos y colonizaciones que históricamente han padecido sobre todo las ruralidades del sur global, algunas de las cuales se conviertieron en jóvenes democracias, pero también de los países más ricos, violencias y brechas con respecto al mundo urbano que han ido evolucionando e incrementándose en los últimos años hasta conformar unas ruralidades de «pasiones tristes» donde el sentimiento de odio, individualismo, rabia y miedo parecen dominar frente a las de esperanza, unión, solidaridad y lucha social.

Sin embargo, en esta obra también se quiere mostrar una incipiente paradoja. En un contexto de multicrisis global climática, ambiental, política y económica que amenaza con inaugurar una era de totalitarismos tecnofeudales y ecofascistas (Peirano, 2022) y colapsos parciales sobre todo por el cambio climático, los espacios rurales pueden pasar de ser espacio-problema para estas democracias liberales, a espacio-oportunidad para un nuevo tiempo de adaptación a los desafíos globales y para un nuevo contrato social. Las sociedades rurales de los países occidentales no son solo un bastión de ciudadanos desencantados y radicalizados que muestran su descontento apoyando ideologías populistas o fascistas. También son espacios sociales donde florecen e históricamente han florecido nuevas militancias que comienzan a conformar una nueva ruralidad profundamente democrática, consciente de los desafíos de nuestro tiempo y propositivas de nuevos modelos políticos, económicos y sociales para un buen vivir y un mundo mejor, pese a los embites del Estado y del mercado (neo)liberal.

Este trabajo se divide en cuatro bloques fundamentales además de esta introducción. A partir de dos testimonios que evidencian los mundos distintos que son en muchos casos, aún en pleno siglo XXI, la moderna vida urbana y la rural, se aborda un primer bloque en clave histórica. Aquí se analiza la evolución de la ruralidad en los últimos siglos desde el punto de vista de cuatro rupturas o divisiones colonizadoras (Mies, 2019) que lo moldearon para convertirlo en un conjunto de espacios fundamentales para la producción capitalista en unos estados poco o nada democráticos, con un destacado papel de la mujer reducida a labores reproductivas y productivas no asalariadas.

El segundo bloque muestra el desarrollo económico de las ruralidades sobre todo europeas y americanas durante el último siglo, y su creciente especialización en agroindustria intensiva, minería e industria o turismo no siempre respetuoso con el entorno social o ambiental. Se analiza asimismo cómo estas ruralidades, lejos de superar su secular crisis demográfica y cultural, la han prolongado en muchos casos de modo que incluso las ruralidades más competitivas de Europa en los sectores agrícolas, industriales o ganaderos, no tienen un futuro asegurado por el actual contexto de imperativo del crecimiento, pero con una visión de liberalismo verde que genera no pocas contradicciones. Se trata por lo tanto de nuevas viejas ruralidades.

El tercer bloque se sitúa ya en pleno siglo XXI para analizar el actual contexto de crisis económica, cultural (de identidad) y social de buena parte de las ruralidades de los países del centro, pero también de la semiperiferia, para abordar una de las cuestiones centrales de este libro que es la traducción de esta crisis a un estado generalizado de desafección y desconfianza con las actuales instituciones democráticas, aun incluso cuando buena parte de ellas lleva décadas desarrollando políticas de mejora social y económica de dichas sociedades e invirtiendo no pocos recursos que han conseguido, en países como España, reducir o cerrar algunas de las múltiples brechas tecnológicas o de servicios que históricamente había entre campo y ciudad, lo que no significa que no sigan existiendo.

Por último, el cuarto bloque aborda en este escenario de multicrisis global y local en buena parte de los Estados-Nación democráticos, la propuesta de una nueva ruralidad disidente, combativa, pero también alegre, para hacer frente más allá de los discursos de odio, a los grandes desafíos de la humanidad encabezados por el cambio climático, consecuencia directa de unos modelos económicos desplegados desde los países del centro, muchos de ellos democráticos, que amenazan incluso el futuro de nuestra especie o gran parte de ella sobre el planeta.

Daniel y Sofía

Daniel es un hombre blanco heterosexual que vive en un barrio residencial de cualquier gran ciudad. A las 6:00 h el despertador de Alexa suena y mientras se viste rápidamente con un equipamiento deportivo fabricado con fibras inteligentes proveniente de China, y estrena sus nuevas deportivas de 120 euros en oferta por internet fabricadas en Bangladesh, Alexa le resume el pronóstico meteorológico del día. Daniel activa su reloj inteligente *Apple* fabricado en Estados Unidos con piezas de China y se dispone a salir a la calle para realizar su rutina diaria de ejercicio que su entrenador personal le envió hace dos días por correo electrónico. Dispone exactamente de 40 minutos para esta actividad, ya que tiene una agenda cargada de trabajo. Cuando termina el ejercicio, Daniel compra en el supermercado una caja de cereales Muesli envasados en Lübeck, pero con cereales ucranianos y trocitos de chocolate de cacao camerunés, unas bananas de Ecuador y una caja de cápsulas de café fabricadas en Israel. Vuelve a su casa a desayunar un café de su cafetera suiza Nespresso y un poco de leche calentada para acompañar con los cereales en su microondas de fabricación italiana mientras consulta rápidamente su correo electrónico y WhatsApp con el teléfono móvil del trabajo ensamblado en Corea del Sur y mira de reojo la televisión de pantalla plana con *Smart TV* fabricada en la India. Tiene un aviso de su nevera combi inteligente de fabricación turca que le indica que apenas le queda Kefir elaborado con leche de Bielorrusia ni apenas comida fresca, pero ya ha decidido que para cenar pedirá con *Uber Eats* unos rollitos vegetales del restaurante vietnamita del barrio. Deja dinero en efectivo para pagar en negro a la mujer de la limpieza inmigrante sudamericana que vendrá más tarde a realizar la limpieza de su apartamento y le pone una nota en la que le pide que baje la bolsa de envases de plástico en el contenedor correspondiente. Acto seguido baja en ascensor al garaje domótico de la finca, y toma su SUV de cinco metros fabricado en Japón para desplazarse rápidamente a la oficina donde trabaja y llegar exactamente a las nueve de la mañana para la primera de las cinco reuniones que tiene hoy. Quiere terminar más pronto hoy, ya que tiene una cita de *Tinder* con una nómada digital estadounidense que lleva unos meses en la ciudad y quiere conocer a gente moderna y sofisticada como Daniel, que además es votante liberal moderado.

A un centenar de kilómetros de aquella ciudad y a la misma hora se levanta tranquilamente Sofía en la casa donde vive cerca de un pueblo. Baja a la cocina a desayunar un café hecho con su cafetera italiana y la cocina de butano destilado de petróleo nigeriano. Como hace un poco de frío enciende su estufa de leña con troncos del bosque comunal. Desayuna unas pastas que ha horneado ella misma y un poco de jamón del supermercado y queso del pueblo mientras contesta una llamada de su madre con su móvil de fabricación china. A continuación, se calza las botas de trabajo de fabricación nacional y va al corral a ver a las gallinas y a darles a comer un poco de forraje de la misma finca. A las ocho coge su viejo todoterreno Nissan de fabricación japonesa para ir al pueblo para comprar algunas cosas, ya que hoy es día de mercado donde se encontrará con Luis el quesero, y Hassan el verdulero, además de algunas vecinas madrugadoras como ella, antes de entrar a trabajar de cajera en la tienda del pueblo. A comer le esperará su pareja que habrá terminado su turno de encargado de una macrogranja porcina y aprovecharán para hablar de algunas reparaciones que hay que realizar en el techo que corona la casa donde viven. De política no quieren oír ni hablar y prefieren no votar, aunque la pareja de Sofía simpatiza con algunas ideas de cierto partido populista de extrema derecha.

Son las 9 de la mañana y en estas tres horas Daniel ha empleado hasta once aparatos electrónicos diferentes y ha consumido productos y alimentos fabricados en doce países, sobre todo en áreas rurales, pero con componentes provenientes de los cinco continentes, mientras que Sofía ha empleado apenas dos aparatos y ha consumido alimentos producidos mayoritariamente en el país, e incluso algunos en el mismo municipio donde reside y trabaja. Las tres primeras horas del día de la aparentemente confortable vida de Daniel han requerido un gran esfuerzo logístico para que pueda disponer de este amplio abanico de productos. Pero si nos fijamos en su modo de vida, es saludable y sostenible, ya que ha realizado ejercicio, recicla, o mejor dicho ordena reciclar, y ha comido de forma sana. Desde algunas posturas del liberalismo verde, el modo de vida de Daniel es más sostenible y sano que el de Sofía. Mientras él conduce un SUV híbrido y no un contaminante vehículo todo terreno, cocina con electricidad y no con gas butano. Tampoco se calienta con una poco eficiente estufa de leña que produce humo y, en cambio, come productos saludables y vegetarianos, y en cambio Sofía ha consumido carne ultraprocesada nada más levantarse y además tiene gallinas que generan emisiones a la atmósfera y no como Daniel trabajador de oficina que utiliza básicamente internet y, por tanto, produce pocas emisiones.

Sin embargo, si se analizan ambos casos, la huella ecológica y la explotación laboral que caracteriza la producción de los alimentos que ha consumido Daniel es considerable y las ruralidades donde se han producido estos alimentos son bien distintas a la de Sofía. La utilización en muchos casos de fertilizantes agresivos con el medio ambiente, el consumo de agua necesario para el procesamiento de los alimentos, las emisiones ocasionadas por su transporte y distribución, trabajos todos ellos realizados por una legión de personas en condiciones precarias, desde el jornalero africano que ha cosechado el cacao en Camerún, hasta el camionero que ha transportado las cápsulas de café a las tres de la madrugada desde una plataforma logística hasta el supermercado donde compra Daniel son algunos ejemplos, por no hablar de los residuos que genera, por ejemplo cada cápsula de café. Mientras tanto, Sofía se ha alimentado de productos de su propia finca o bien comprados en la tienda del pueblo y elaborados en el mismo país. La gran diferencia es que la huella ecológica de Sofía es bien visible en su casa: el humo de la estufa y del viejo todoterreno o el ruido y el olor de su corral de gallinas, mientras la de Daniel no se ve ni en su casa, ni en el barrio ni en la ciudad donde vive, sino que se queda más bien en otras latitudes sobre todo rurales.

Pero lo mejor de todo es que en estas tres horas Sofía ha interactuado con varias personas y ha empleado diversas tecnologías maduras, desde un viejo vehículo todoterreno hasta la cocina de butano o la vieja cafetera italiana que podrían tener más de dos décadas de vida y siguen ejerciendo su función. En cambio, Daniel no ha interactuado con ningún ser humano y ha utilizado para realizar las mismas funciones de comunicación y de alimentación un abanico mucho más amplio y complejo de aparatos. Si a Sofía se le estropea su cafetera italiana, seguramente será por la goma o el filtro que podrá cambiar. Si es el caso de la pantalla plana de Daniel, la opción más probable para un hombre ocupado como él, será comprar otro aparato por internet. En resumen: Daniel, y no Sofía es el alumno modélico del actual sistema capitalista financiero, digital, globalizado, acelerado y supuestamente verde que busca un prototipo de persona con intereses individuales, consumista, algo narcisista y materialista. Además, es votante regular de opciones políticas moderadas en el país democrático en el que vive y crítico con las posiciones extremistas que cada dos por tres oye. Una persona moderna *early adopter* de cualquier nueva tecnología, cada vez más sofisticada, con su obsolescencia programada incorporada y más preparada para aislarnos más unos de otros, pero persona de orden que paga sus impuestos. Daniel vive en un barrio residencial de una gran ciudad y área metropolitana que crece, mientras que Sofía vive en un envejecido y alejado pueblo trabajando en un oficio como es el de cajera mucho menos prestigioso, más sacrificado y peor pagado que el de Daniel. Sofía, además de no votar, con su trabajo a turnos y a tiempo parcial apenas cotiza y paga impuestos y por lo tanto aporta mucho menos que Daniel a las arcas públicas del Estado. Aunque Sofía y Daniel podrían tener la misma edad, una parece representar un pasado rudimentario e incómodo, una vieja ruralidad y otro el futuro digital tecnooptimista y sostenible lleno de bienestar y confort de una democracia liberal plena.

Aunque ambos viven relativamente cerca desde el punto de vista geográfico, pero son dos modelos de vida completamente distanciados: uno rural más o menos tradicional, y el otro en una gran urbe internacional.

El mundo es un gran iceberg

«La democracia es una forma de gobierno demasiado estrechamente anclada en el presente y en el futuro próximo para responder eficazmente a los desafíos de medio y largo plazo» (Vitale, 2017).

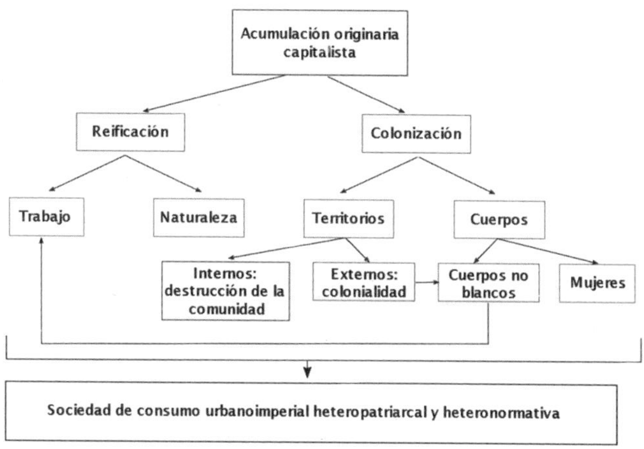

Las cuatro rupturas o separaciones de la acumulación originaria capitalista. Fuente: Elaboración propia.

Las democracias liberales y modernas viven como afirma Vitale en un presente fugaz, pero se forjaron durante siglos. Nacieron y crecieron al calor de cuatro rupturas y divisiones colonizadoras históricas que sobre todo moldearon a través de múltiples procesos de destrucción creativa la ruralidad: la ruptura con la naturaleza, con el trabajo, con la comunidad y con los cuerpos no masculinos heterosexuales blancos. Estas cuatro rupturas históricas están detrás de las múltplies brechas que separan en pleno siglo XXI las ruralidades sobre todo del sur global, pero también de los países ricos, tanto entre ellas como respecto a sus centros económicos urbanos y de poder donde se ubican las instituciones democráticas del Estado y las sedes de empresas transnacionales. Al ser formas de gobierno ancladas en el presente y el futuro inmediato, han sido incapaces de cambiar las derivas políticas múltiples originadas con estas cuatro rupturas, y predecir y corregir sus consecuencias muy relacionadas con las múltiples crisis globales que no solo amenazan la estabilidad geopolítica mundial, sino la propia continuidad de los regímenes democráticos.

Una de las consecuencias menos analizadas del actual sistema capitalista, desbocado desde la caída del Muro de Berlín (Vitale, 2017), más allá de generar desigualdades sociales y territoriales de forma imparable, lo cual es uno de los factores principales de la actual crisis del Estado-Nación democrático y liberal, es el gran distanciamiento, e incluso ruptura que ha provocado entre personas y territorios. La primera de estas rupturas que se analizará posteriormente es la reificación o la separación de la naturaleza y su reducción a una mera suministradora de recursos y sumidero de residuos. Durante gran parte de la historia de la humanidad el ser humano y la naturaleza han convivido en un mismo mundo, desde los clanes nómadas del paleolítico que migraban según las estaciones y eran incluso formas de «comunismo originario» (Villalobos, 2022), a los primeros agricultores del neolítico o más modernamente a los pastores trashumantes. Durante gran parte de la historia se ha mantenido un cierto equilibrio inestable con frecuentes altibajos entre las sociedades humanas y la naturaleza que las rodeaba. Las religiones animistas propugnaban una cosmovisión sin distinción entre vida humana, vegetal, animal, una montaña o un río, ya que todos estos elementos formaban parte de un todo que suponía un aprovechamiento limitado y acotado de cualquier fruto, animal o mineral por motivos de equilibrio, pero también espirituales. Estas cosmovisiones están todavía presentes en numerosas sociedades rurales en todo el mundo, e incluso queda algún vestigio en las ruralidades de los países occidentales.

En segundo lugar, la larga historia del capitalismo desde sus inicios durante la Baja Edad Media con la aparición de una potente burguesía comercial ha sido sobre todo protagonizada por su afán de deshacer a toda sociedad comunitaria preexistente. Esta es una de las tesis fundamentales de Graeber y Wengrow (2021) que exponen a partir de una historia de la humanidad diferente a la que se encuentra en los libros de texto. Según estos autores, no sería del todo cierta la idea comúnmente aceptada de una evolución lineal desde sociedades primitivas y salvajes hacia sociedades modernas complejas y civilizadas fundamentadas en el capitalismo y que abrazan la democracia como culmen de la evolución humana, ideas muy arraigadas en ciencias como la economía. Más bien la humanidad habría encontrado muchas otras formas de organizarse y vivir en comunidad mucho antes y más allá del advenimiento de los estados nación liberales, aunque fueron estos durante los últimos siglos, los encargados de borrar cualquier rastro de pueblo indígena o sociedad «no occidentalizada» transformándola en sociedades de individuos desposeídos hasta el punto de tener que vender su tiempo, esfuerzo e intelecto a cambio de un salario.

En tercer lugar, la lógica capitalista solo empezó a funcionar, como decía el propio Marx, cuando se logró separar al productor de sus medios de producción, y por lo tanto al productor del fruto de su trabajo que es vendido a cambio de un salario. Como veremos en el primer capítulo, este largo proceso se logró no sin violencia con los famosos *enclosures* o privatización de bienes comunales, con la conquista y explotación de las colonias a partir de 1492, y con una serie de políticas liberales que todavía en pleno siglo XXI siguen desarticulando cualquier sociedad no capitalista para integrarla siempre forzosamente, en el capitalismo neoliberal global. Por último, otra ruptura esencial o separación fue entre cuerpos masculinos blancos o heterosexuales llamados a ser individuos productores reconocidos socialmente y asalariados, frente a la mujer como productora no asalariada y sobre todo reproductora y cuidadora, y otras razas no blancas reducidas a una condición de esclavitud y una negación de su condición humana, aspecto que comparten en muchos países aún hoy otras orientaciones sexuales.

Todo intento de teorización social no deja de ser una modelización y simplificación de la realidad compleja. En este caso cada ruptura no es un proceso separado, lineal o total en el tiempo y en el espacio, sino un conjunto de dinámicas de la historia que se van dibujando y entremezclando con el paso de los siglos hasta convertirse en elementos consustanciales del mundo posmoderno y global actual, y que suponen la raíz de los principales problemas sociales y ambientales del planeta, desde la desigualdad y la dependencia a la crisis climática, de biodiversidad o la violencia contra las mujeres o toda persona que se aleja de la norma social heterosexual. Es una historia de violencias que desatará varios periodos de desafección como el que vivimos en la actualidad.

Esquema de iceberg de procesos visibles e invisibles. Fuente: Elaboración propia a partir de Mies y Bennholdt-Thomsen (1998).

Estas cuatro separaciones se pueden analizar como una sucesión de jerarquías, tal y como desarrollan Mies y Bennholdt-Thomsen (1998) en su obra, y tal y como puede observarse en la figura 2. Según esta visión, el mundo funciona como una suerte de gran iceberg con dos realidades. La primera realidad es la que muestra la pantalla del móvil simbólicamente. En esta realidad el relato social considerado estándar y deseable consiste o bien en individuos triunfantes hechos a sí mismos y enriquecidos gracias a su duro trabajo que desprecian a los «pobres mileuristas fracasados» o bien las familias nucleares asalariadas que constituyen una unidad de consumo y que se consideran clases medias y trabajadoras. Pero este modelo social construido desde la política institucional, los medios de comunicación, la publicidad, las redes sociales y los sistemas educativos muestran solo una parte de la realidad.

El móvil muestra solo la punta del iceberg de manera intencionada. Este móvil no solo simboliza las redes sociales o los medios de comunicación más poderosos, sino parte del sistema educativo y de valores de esta sociedad basado en una particular idea de progreso que equivale a más consumismo, individualismo y materialismo. Pero lo que no muestra el dispositivo electrónico es todo el conjunto de elementos necesarios para asegurar la maximización del crecimiento, la producción y la acumulación, una segunda realidad oculta. El iceberg muestra que hay varias capas fundamentales invisibles: el trabajo informal y esclavo, el trabajo campesino y las economías de subsistencia, los cuidados y el papel productivo reproductivo de la mujer y por debajo de todo la naturaleza reificada y convertida en sumidero de residuos, fuente de recursos y soporte de la actividad económica capitalista. Este estado de las cosas no es natural de forma que la subordinación de la mujer, de los pueblos originarios, de la naturaleza o de las clases populares con empleo precario es justamente el resultado histórico de las cuatro rupturas aludidas.

1. LAS CUATRO RUPTURAS ORIGINARIAS O DIVISIONES COLONIZADORAS

Comenzamos con el análisis de la reificación de la naturaleza porque es el proceso que hunde sus raíces en los primeros siglos de advenimiento del capitalismo mercantil y colonial y de conformación de los futuros Estados-Nación, pero obviamente discurre en paralelo con las otras tres rupturas y separaciones que resultan interdependientes e imposibles de analizar separadamente y que se superponen como capas y procesos sociales invisibilizados. Cabe destacar que este análisis se realiza poniendo el foco en el mundo no urbano y no central sino más bien en las periferias urbanas, sociales y coloniales que se fueron conformando justamente como consecuencia de la consolidación de estas cuatro separaciones o rupturas.

La primera ruptura: la reificación de la naturaleza

Durante la mayor parte de nuestra historia como especie, los seres humanos hemos mantenido una íntima relación con el resto del mundo vivo. Los seres humanos se veían como parte inseparable del resto de las formas de vida. Los antropólogos se refieren a esta forma de ver el mundo como animismo o la ontología animista (Servigne et al., 2024: 125): la idea de que todos los seres vivos están interconectados y comparten el mismo espíritu o esencia, sin una distición neta por tanto entre humanos y no humanos que están en permanente diálogo. Los animistas, más que explotar la naturaleza, mantienen relaciones de reciprocidad y ponen especial cuidado en no tomar más de lo que pueden regenerar los ecosistemas (Hickel, 2023: 79). Hay cientos de ejemplos de pueblos indígenas con esta cosmovisión. Hace un tiempo participé en un proyecto de creación de una reserva natural en los Andes colombianos, en el departamento de Santander que históricamente había estado ocupado por los pueblos chitarero y u'wa. La religiosidad de estos pueblos indígenas de montaña mostraba un gran respeto por la naturaleza. Las montañas más altas, numerosos bosques, rocas y lagunas eran lugares sagrados y, por tanto, intocables (Ministerio de Cultura de Colombia, 2022), por lo que en estos lugares ubicaban cementerios y recintos ceremoniales. Fue precisamente el pueblo u'wa que todavía existe quien tuvo una enorme repercusión mediática cuando a principios del siglo XXI amenazó con un suicidio colectivo como respuesta a un proyecto de explotación de petróleo de Shell y Oxy como empresas asociadas con el estado colombiano (Serje, 2003), ya que:

> «Nosotros el pueblo u'wa vivimos en un mundo distinto al del blanco. Tal vez no lo sea desde el punto de vista físico, del sol, la luna, las montañas y los ríos. Pero nuestra forma de entenderlo, concebirlo y estudiarlo sí es diferente (...) Nosotros los U'wa concebimos el territorio

como la esencia de la vida; tenemos una forma muy especial de controlar el medio ambiente, nuestro comportamiento al respecto se explica en los mitos creencias, usos y costumbres con la misma antigüedad que el mismo origen de nuestro mundo, de nuestra población y de nuestra cultura; nuestra misión en esta tierra es mantener el equilibrio de origen». (Serje, 2003).

Esta cosmovisión estaba también presente en muchos pueblos europeos antes de la imposición del cristianismo y del famoso dualismo cartesiano. En la mitología vasca existe por ejemplo la figura de la diosa Mari como máxima divinidad, protectora de todos y personificación de la naturaleza que vive en la montaña sagrada Txindoki, así como la del Basajaun y la Basandera como personajes protectores del bosque que habitaban los bosques más remotos de Álava y Navarra (Piquero, 2021). De hecho, según este autor una de las imágenes arquetípicas sagradas de la cosmovisión prehistórica europea son los mitos en torno a una «Gran Madre» protectora de la naturaleza y un «señor de los animales» que formarían parte de un mismo mundo dividido en dos planos: un plano horizontal de la tierra y los seres vivos, y un plano vertical dividido entre el cielo y el inframundo habitado por espíritus protectores de la naturaleza (Piquero 2021), una cosmología presente en muchas otras culturas del mundo, como la cultura mapuche en el sur de Chile y Argentina. Estas cosmovisiones llamadas paganas por el cristianismo tuvieron un gran apoyo en Europa a pesar de sus intentos de erradicarlas imponiendo la distinción entre lo terrenal y profano y lo sagrado. Hay que tener en cuenta que el propio término de «pagano» viene del latín vulgar *paganus* que significa aldeano por alusión a la resistencia del medio rural a la cristianización.

Y la historia todavía siguió varios siglos. En la sociedad feudal, esta unidad ser humano-naturaleza se sustantivó con la concepción de la tierra. Se daba una relación única del trabajador con la tierra, en la medida en que la dominación y explotación directas, que ocurren en términos personales y políticos, dependen de la tradición y costumbre (Saito, 2022). A quienes trabajaban la tierra bajo la dominación feudal se les negaba su independencia personal y sus derechos, puesto que eran considerados como parte de la propiedad del señor. Pero es precisamente por esa razón que mantienen su unidad con las condiciones objetivas de producción y reproducción, pudiendo asegurar así su existencia física. Según Marx y Engels (1844 [2001]), para el señor feudal:

> «La historia de su familia, de su casa, todo hace que la tierra represente para él algo individual, le convierte en su auténtica casa, en una persona. Y sus agricultores no se encuentran en la situación de jornaleros, sino que en parte son ellos mismos propiedad del señor, como los siervos de la gleba, o se encuentran con él en una relación de respeto, sumisión y servicio. De ahí que la actitud del señor con ellos sea directamente política y tenga a su vez su lado cordial [...] El señor no trata de sacar el máximo provecho de su finca, sino que consume lo que hay y deja tranquilamente el cuidado de la producción a los siervos y a los arrendatarios».

Marx se posicionó por tanto contra esta separación entre naturaleza y sociedad porque según él los humanos no pueden trascender la naturaleza; realizan una unidad con ella mediada por el trabajo. De hecho, los contratos que los señores feudales establecían con los siervos, mediante los cuales se cedía el dominio útil de unas tierras a cambio de recibir un canon se denominaban enfiteusis, palabra que viene del griego y que significa literalmente implantar o injertar, como si se tratara de fijar a una familia en la tierra al igual que una planta. Esta unidad del siervo con la tierra y de la naturaleza con la sociedad no significa ni mucho menos que las sociedades feudales fuesen idílicas. Precisamente por la presión fiscal de los señores y las condiciones a veces abusivas de las enfiteusis, fueron frecuentes las revueltas campesinas a lo largo y ancho de todo el continente europeo. A principios del siglo XIV los siervos de media Europa empezaron a rebelarse contra el sistema feudal, desde Gante a París pasando por Florencia (Federici, 2010). El objetivo principal de los siervos era preservar su excedente de trabajo y sus productos, al tiempo que ensanchaban la esfera de sus derechos económicos y jurídicos y contra las altas cargas impositivas de los señores, la obligatoriedad de trabajar algunos días su tierra o el servicio militar (Federici, 2010: 44-45).

Esta conflictividad unida a los estragos que causó la epidemia de la peste negra y la disminución de la fuerza de trabajo, decantó la balanza a partir de 1350 al lado de los siervos. Se establecieron fueros que aliviaban la obligatoriedad del servicio militar y posibilitaban sustituir las obligaciones laborales con el señor por un pago en dinero, estableciendo relaciones más contractuales entre señor y siervo (Federici, 2010: 47). Según esta autora, desde 1350 hasta 1500 las élites europeas sufrieron una crisis de «desacumulación crónica». La Iglesia, la nobleza y la burguesía cerraron filas y se organizaron para tratar de poner fin a la autonomía de los campesinos (Hickel, 2023: 62). Terminar con todo un universo de pequeñas comunidades rurales con un alto grado de independencia económica, con grandes conocimientos sobre el territorio que les permitía subsistir económicamente con un modelo agrosilvopastoril, unas estructuras sociales propias basadas en la familia y el clan que aseguraba unos cuidados, sobre todo proporcionados por las mujeres, y una reproducción social, y una espiritualidad durante la Edad Media e incluso Moderna, todavía anclada en creencias animistas, ancestrales y paganas sobre la naturaleza, requería mucho más que violencia física. La famosa acumulación originaria que dio lugar al sistema capitalista no fue una transición natural por una caída del sistema feudal, sino todo un proceso histórico de enriquecimiento de las élites que solo fue posible cuando empezó a imponerse un nuevo relato sobre el mundo o cosmovisión: el dualismo cartesiano, junto a dos procesos que aseguraron la destrucción y decadencia de estas comunidades en gran parte del mundo: la colonización y la privatización de bienes comunales.

Desde el punto de vista filosófico, en el siglo XVII los modernos creyeron que la separación entre la naturaleza y la cultura, entre los objetos y los sujetos era efectiva, explica Bruno Latour (2023: 10). Se consolida toda una revolución que dará lugar al paradigma moderno, según el cual el conocimiento no debe ser una herramienta de contemplación, sino un instrumento de intervención y transformación del mundo (Garcia, 2021). Según Kureethadam (2018), las raíces de la crisis ecológica actual emergen desde una cierta concepción del mundo en la que se confiere absoluta centralidad al ser humano, desprestigiando al mundo físico como algo inferior. Se trata del naturalismo, la ontología propia de la modernidad y la única que inventa el concepto de naturaleza (Servigne et al., 2024: 125). Esta separación entre ser humano y mundo físico es todo un cambio radical respecto a las cosmovisiones animistas de las que hablábamos antes y que estaban bien arraigadas en multitud de comunidades rurales e indígenas en todo el mundo. Uno de tantos defensores del triunfo de la modernidad de la razón instrumental basada en el dominio de la naturaleza fue Francis Bacon que escribió en una de sus obras más conocidas, el *Novum Organum*, que: «si alguien del género humano se esfuerza por instaurar y aumentar el poder e imperio de este sobre el universo, esta ambición es sin duda no solo más sana, sino también más noble que las demás» (Bacon, 1620, citado por García, 2021).

Junto a Bacon, Descartes fue la otra figura fundamental para instaurar el famoso dualismo hombre-naturaleza que sería una de las premisas de la modernidad y la ilustración. Los dos ejes sobre los que se articula esta supuesta nueva relación hombre-naturaleza son: a) una concepción desencantada de la naturaleza según la cual el mundo se rige exclusivamente sobre la base de principios mecánicos; b) un antropocentrismo radical por el que la naturaleza se concibe como un objeto que está al servicio de los intereses humanos (García, 2021). Esta visión de la naturaleza no es una idea completamente nueva. Algunas corrientes del cristianismo como las de Tomás de Aquino ya establecen una interpretación bíblica según la cual Dios tendría un gobierno total que se extiende por toda la creación, mientras que el hombre tendría, como criatura hecha a imagen y semejanza de Dios, un dominio natural. Este se sustancia en un derecho de usufructo de la naturaleza, como por ejemplo con los animales no-humanos que se conciben como meros instrumentos que pueden ser utilizados por los humanos para satisfacer sus necesidades vitales (García, 2021), aunque tanto Descartes como otros autores sí establecen límites a la explotación de la naturaleza. Incluso el papa Francisco critica esta visión antropocéntrica moderna y cristiana a través de su encíclica *Laudato Sii:*

> «Se transmitió muchas veces un sueño prometeico de dominio sobre el mundo que provocó la impresión de que el cuidado de la naturaleza es cosa de débiles. En cambio, la forma correcta de interpretar el concepto del ser humano como «señor» del universo consiste en entenderlo como administrador responsable» (Francisco, papa, 116).

Así, durante la Ilustración el pensamiento dualista adquirió preeminencia por primera vez en la historia. La nueva fuerza social burguesa compuesta por traficantes de esclavos, banqueros, comerciantes, terratenientes enriquecidos por el saqueo de las colonias y más tarde propietarios de fábricas textiles necesitaban un nuevo relato y nuevas ideas para justificarse a sí mismos ante los pueblos colonizados y para retroalimentar su poder, por ejemplo, eliminando barreras para la circulación de capitales. Este pensamiento dualista proclamó una libertad total e independencia del ser humano y sus capitales, incluyendo el derecho a explotar de forma ilimitada la naturaleza (Aristizábal, 2022: 118). Esta idea sirvió para dar un buen empuje a la privatización de las tierras comunales y para legitimar la explotación de la naturaleza. Como veremos en el capítulo siguiente, en el siglo XVIII se consolida la concepción de la naturaleza como una *res nullius* como bosques, pastos, terrenos baldíos y toda la fauna y flora sin un propietario claro (Hayes, 2020: 29). Mientras que la *res nullius* son cosas sin dueño y, por tanto, tienen facultad de pertenecer al primer ocupante que se apodere de ellas, ya que se han separado de toda vinculación espiritual con el ser humano y se ha deshecho la unidad originaria hombre-naturaleza que defienden por ejemplo pueblos indígenas como los u'wa, la *res communis* son cosas que, por su naturaleza, no pertenecen a nadie y el uso es común a todos y no apropiables (Laval y Dardot, 2015: 41). De esta forma, las élites europeas se sirvieron del dualismo de Descartes para transformar las creencias de la gente sobre la naturaleza considerándola como un dominio natural del hombre, es decir, pasa a ser una cosificación o reificación para el uso y disfrute del ser humano.

Una vez que se impuso la idea de la naturaleza como una entidad externa explotable y apropiable, entró en escena en el siglo XIX la invención de la ciencia moderna con un método científico que en apariencia parecía políticamente neutral. De todos los enormes avances teóricos que se dieron durante este siglo, dando lugar a la sistematización de conocimientos en forma de ciencias modernas como la geografía, la biología, la geología, la física o la química, las teorías evolucionistas de Darwin, o más bien una interpretación interesada de estas son las que más hicieron para imponer una nueva idea: era necesario explotar la naturaleza porque esta es un territorio salvaje donde solo sobrevive por competencia el más fuerte. La biología evolutiva, y las ciencias sociales posteriormente, empezaron a poner el acento en el individuo y en la competencia entre individuos como principal mecanismo de evolución y supervivencia. De nuevo resonaban ecos de la filosofía de Tomás de Aquino para justificar que el ser humano, como imagen de Dios, estaba en la cumbre de la creación entre todos los animales, y por tanto tenía la misión divina de colonizar y explotar la naturaleza. Fue el periodista neoyorquino John L. O'Sullivan quien acuñó en 1845 la idea de «el destino manifiesto» otorgado por la Divina Providencia, de la que Estados Unidos debió extenderse por todo el continente.

«El progreso». Cuadro de John Gast de 1871 (Sandweis, 2024).

Esta imagen es un resumen de la idea de moderna cosmovisión de la naturaleza, que pasa a ser objeto apropiable en paralelo con la consolidación del joven Estado-Nación estadounidense, como también ocurre con los pueblos indígenas. La personificación del progreso es una mujer que lleva la luz hacia el oeste expandiendo la frontera estadounidense acompañada de pioneros, mientras animales e indígenas van huyendo hacia la oscuridad de la naturaleza salvaje. Esta idea del destino manifiesto fue el pretexto para justificar una de las mayores empresas de destrucción ambiental, privatización de tierras y masacre de pueblos indígenas de los últimos siglos: la colonización del oeste americano a partir de la victoria de Estados Unidos en la guerra con México de 1846. En palabras de Rosa Luxemburgo:

> «Los ferrocarriles, esto es, el capital europeo, principalmente inglés, fueron conduciendo a los granjeros norteamericanos, paso a paso, a través de los inconmensurables campos del este y oeste de la Unión, donde con armas de fuego, perros, licores y sífilis, exterminaron a los indios. Los trasladaron violentamente del Este al Oeste, para apropiarse de sus terrenos, como si fueran "tierra libre", para desbravarla y ponerla en cultivo» (Luxemburg, 2018 194).

Así, el capitalismo impuso la idea de que la competitividad, la agresión y el individualismo son los modos de organización espontánea y naturales de la vida en la tierra (Servigne y Chapelle, 2019: 10). Este es y ha sido hasta muy recientemente, el paradigma dominante durante los últimos ciento cincuenta años. Los defensores del liberalismo siempre han intentado convencer del mito del crecimiento y la acumulación a partir del argumento de la «naturalidad» hablando de darwinismo, o bien de «la providencia» o mandato divino. Sin embargo, hace ya años que esta visión de la naturaleza ha sido ampliamente criticada. Según Servigne y Chapelle (2019: 15), en materia de evolución, la clave del éxito no es la lucha por la vida sino la solidaridad. Cuando se analizan los ecosistemas y cómo evolucionan se puede verificar en muchos casos cómo no existe la clásica «ley de la jungla» de selección natural de especies por competencia, sino otra ley de la jungla muy diferente: la solidaridad y el apoyo mutuo tal y como ya defendió Kropotkin hace más de un siglo. Por tanto, un mecanismo fundamental de evolución de las especies sería el mutualismo o apoyo mutuo, de modo que los grupos altruistas tienden a suplantar a los grupos egoístas (Servigne y Chapelle, 2019: 15).

Para el triunfo e imposición del proyecto de Estado-Nación liberal basado en una economía de mercado no bastaba con cambiar la concepción de la naturaleza y establecer como objetivo primordial su apropiación y explotación para la producción industrial. Para que esto funcionara era necesario redirigir completamente la actividad productiva hacia estos fines, ya fuera a través de la coerción legislativa de los nuevos Estados-Nación, ya fuera como negocio. Y para que esto fuera posible, era necesario a su vez empezar otro gran proyecto como fue la separación del campesinado, que hasta el siglo XX componía la mayor parte de la mano de obra en los países occidentales, respecto a sus medios de producción. Por tanto, lo necesario era cambiar la concepción que tenía la gente sobre el trabajo (Hickel, 2023: 87).

Con la aparición de las relaciones capitalistas de producción y la apropiación burguesa de los medios de producción, la propiedad de la tierra se torna mercancía y se integra en el mercado. Los individuos son liberados de cualquier dominación política inmediata, convirtiéndose en sujetos civiles, formalmente «libres» e «iguales», de modo que pierden la conexión directa con la tierra y se ven obligados a aparecer en el mercado vendiendo su fuerza de trabajo, en calidad de jornaleros o asalariados. Esta forma moderna de dominación no es personal y política, sino que se trata de una relación de cosificación, de reificación (Saito, 2022: 55-57). Durante el largo período de convulsiones sociales y rebeliones de campesinos que se da desde el siglo XIV hasta el siglo XVI al que ya nos hemos referido, el trabajo agrícola seguía un ritmo que desde un punto de vista capitalista era irregular y sin disciplina, puesto que dependía del clima, de las estaciones y de las festividades. La vida se organizaba en torno a los principios de la suficiencia y del deseo: la gente trabajaba tanto como necesitaba y dedicaba el resto del tiempo básicamente a divertirse (Hickel, 2023: 87). De hecho, frente a la concepción moderna del tiempo como una dimensión lineal en progresión, en las sociedades rurales tradicionales existía una concepción circular y en espiral, según la cual la vida se organizaba en torno a una serie de hitos que se repetían año a año (Aparici, 2023). La vendimia, la matanza del cerdo, la siembra, la molienda del trigo, la esquilada de las ovejas, las festividades religiosas, el año nuevo... Todo eran operaciones que se repetían año tras año en épocas similares, muchas veces precedidas o acompañadas por festividades que podían durar días y noches y que se repetían constantemente en días señalados donde había música, bailes, comida abundante, vino, y la moral se relajaba. Estas costumbres chocaban frontalmente con la clase de trabajo continuo que se requería para llevar a cabo la acumulación de capital.

Sin la represión y la violencia no hubiera sido posible cambiar la concepción del trabajo y de la actividad productiva hacia una actividad asalariada y capitalista. Una condición fundamental fue la separación del campesino de la actividad artesana, y la conversión de esta en una actividad industrial capitalista. Rosa Luxemburgo explica de nuevo magistralmente este cambio histórico fundamental para la acumulación primitiva:

> «Todo granjero tenía una colección de herramientas, con cuya ayuda hacía utensilios de madera, tales como horquillas para el heno y rastrillos, mangos para las palas y arados, lanzas para el carro y otra serie de aperos de madera. Además, el granjero producía lino y

cáñamo, lana de ovejas y algodón. Estas materias textiles se trabajaban en la granja, eran hiladas y tejidas en casa; igualmente, se confeccionaban en la casa vestidos, ropa interior y, en general, cuanto necesitaba el granjero para su consumo personal. En cada granja había un pequeño taller para trabajos de carpintería y cerrajería, y en la casa un cardador de lana y un telar; se tejían alfombras, mantas y otra ropa de cama; en cada granja se criaban gansos, con cuyo plumaje se llenaban almohadas y colchones; el sobrante se vendía en el mercado de la ciudad pròxima» (Luxemburg, 2018: 195).

Molino harinero abandonado. Fotografía del autor.

Un caso especial eran los molinos hidráulicos. Desde la Alta Edad Media empezaron a expandirse por toda Europa aprovechamientos de saltos de agua y de corrientes fluviales para mover una noria o un rodete y una muela para molturar todo tipo de cereales. En muchos casos esta actividad la realizaba una familia, que también tenía huertos, campos de secano y ganadería. Pero además muchos molinos aprovechaban la fuerza del agua para poner en marcha maquinaria de carpintería, una afiladora para herramientas, un batán trapero y otras muchas actividades artesanas. El historiador y eclesiástico renacentista Antonio de Guevara, en su obra *Menosprecio de Corte y Alabanza de Aldea* precisamente alaba la aldea por su capacidad de subsistencia para proveerse de alimentos tan básicos como el pan, frente a la ciudad:

> «Es privilegio de aldea que el que morare en ella tenga harina para cerner, artesa para amasar y horno para cocer, del cual privilegio no se goza en la corte ni en los grandes pueblos, a do de necesidad compran el pan que es duro, o sin sal [...] Los que viven en el aldea y amasan en su casa tienen abundancia de pan para su gente, no lo piden prestado a los vecinos, tienen que dar a los pobres, tienen salvados para los puercos, bollos para los niños, tortas para ofrecer, hogazas para los mozos, ahechaduras para las gallinas, harina para buñuelos y aun hojaldres para los sábados» (Guevara, 1539: 23).

Así, un paso fundamental para la creación de la acumulación primitiva u originaria del capitalismo fue acabar con estas actividades artesanas o protoindustriales. Como argumentaba Luxemburgo (2018: 194), el artesano jugaba un papel importante para cubrir las necesidades propias de la economía campesina, de forma que el desarrollo de la economía industrial capitalista se hizo arrancando a la economía campesina capaz totalmente de subsistir una rama de la industria tras otra, para así concentrar la producción en las fábricas, empezando con la producción textil.

Pero no bastaba simplemente con separar agricultura y artesanía. En todas partes en Europa se empezaron a aprobar leyes de privatización de bienes comunales que despojaron a miles de campesinos de sus tierras de cultivo, bosques, huertas, ríos y lagos, como veremos más adelante. Por otra parte, se condenó todo tipo de manifestaciones festivas que se alejaran del estricto calendario y moral cristiana, y por extensión contra toda forma de relación social que no fuera la familia nuclear con una vida centrada en el trabajo y la producción, iniciando el proceso de proletarización del campesino. Una vez redefinida la naturaleza como objeto apropiable, y el trabajo como actividad al servicio de la acumulación primitiva, esta empezó a tomar fuerza. Como explica Federici (2010: 92), de forma significativa, la inclinación de la clase capitalista durante los primeros tres siglos de su existencia, fue dirigida a imponer la esclavitud y otras formas de trabajo forzado en relación a trabajo dominante, una tendencia limitada solo por la resistencia de los trabajadores y el peligro de agotamiento de la fuerza de trabajo. Aparte del mayor movimiento migratorio forzado de la historia de la humanidad consistente en el envío de esclavos subsaharianos a las colonias americanas, también en Europa se multiplicó la esclavitud. Solo en el Reino de Nápoles podía haber más de 25.000 (Federici, 2010: 92).

Para Marx y más allá de la esclavitud, la domesticación del trabajador se logró mediante un proceso de proletarización a partir de dos enajenaciones. La primera consistió en la desposesión del producto de trabajo, en el que «los trabajadores objetivan su propia actividad, [pero] no aparece como su propio producto [...] tampoco satisface sus necesidades ni confirma sus habilidades creativas» (Saito, 2022: 42-43). «Cuanto más se mata al trabajador a trabajar, más poderoso se hace el mundo ajeno, objetivo que crea ante sí, más pobre se hace él mismo, su mundo interno, tanto menos le pertenece este» (Marx y Engels, 1844: 349-50). La segunda forma de enajenación radica en que el acto de trabajar no es una decisión libre del trabajador, sino a otro, de este modo «el trabajador no se afirma a sí mismo en el trabajo, sino que se niega; no se siente bien sino a disgusto; no desarrolla una libre energía física e intelectual, sino que mortifica su cuerpo y arruina su mente. Por tanto, el trabajo no le satisface una necesidad, sino que solo es un medio para satisfacer necesidades fuera del trabajo, para subsistir». (Marx y Engels, 1844: 352).

Con la penetración del capitalismo, las sociedades precapitalistas entraron en crisis, que aparte de manifestarse en una creciente necesidad de buscar recursos económicos para subsistir convirtiéndose en asalariados (la ya mencionada separación de la persona de su trabajo), se puso de manifiesto con la destrucción de la comunidad y la conversión en unidades familiares de consumo necesariamente proletarizadas, insostenibles económicamente en un marco capitalista. Una característica fundamental del paradigma moderno y cartesiano que se va convirtiendo en hegemónico a medida que avanzaba el capitalismo y el Estado moderno fue la consagración del individuo por encima de la sociedad y reducir esta a una suma de «yos» aislados y separados unos de otros (Aristizábal, 2022: 115).

He aquí uno de los grandes dogmas del capitalismo liberal que podría sintetizarse en la famosa frase de Margaret Thatcher: «¿qué es la sociedad? No existe tal cosa, tan solo individuos, hombres y mujeres» (Bollero, 2013). Reino Unido es uno de los países donde con figuras como esta más lejos llegó la idea neoliberal de individuo, a partir de la privatización de empresas públicas o el cierre de minas y el enfrentamiento violento durante años con el movimiento obrero británico. En base a este individualismo posesivo totalmente opuesto a la noción de comunidad, vinieron una serie de reduccionismos y fragmentaciones como el hombre como rey de la naturaleza, la sacrosanta libertad del individuo y de la empresa privada por encima del resto de libertades, de la razón como única fuente de conocimiento, y de la absolutización de la propiedad privada por encima de cualquier otra forma de propiedad, como la comunal, de la economía como prioridad frente al bienestar social, la cultura o la espiritualidad (Aristizábal, 2022: 116). Otra característica fue la violencia, la consideración de que el hombre es un lobo para el hombre, la aceptación y elevación de las teorías darwinistas con el reduccionismo de la depredación como único mecanismo evolutivo y el olvido de las teorías kropotkinianas del apoyo mutuo como mecanismo fundamental de evolución biológica (Servigne y Chapelle, 2019). Con este paisaje de violencia y la destrucción de la comunidad como espacio de cuidados, satisfacción de necesidades a través del trabajo, reproducción social y autogobierno, solo un Leviatán en forma de estado opresor podía someter a la paz por la fuerza al hombre como depredador en su concepción hobbesiana (Castells, 2019), lo que requería de una serie de hombres de estado que no pueden ser los propios trabajadores. Tal y como observa Engels:

> «Mientras que la población que realmente trabaja está tan absorbida por su trabajo necesario que no tiene tiempo para la gestión de los asuntos comunes de la sociedad —dirección del trabajo, asuntos de estado, cuestiones jurídicas, arte, ciencia, etc.—, debe haber una clase especial liberada del trabajo real y que resuelva estas cuestiones, y esta clase nunca dejó de cargar sobre las

> espaldas de las masas trabajadoras cada vez más trabajo en beneficio propio». (Engels, 2015: 217)

Así se dibujó una fundamental división del trabajo en las primeras sociedades mercantilistas y posteriormente capitalistas. El nuevo Estado-Nación que se perfila desde el siglo XVII a partir de la paz de Westfalia se configura con una élite formada por un lado por especialistas en derecho, comercio, administración, el arte y la ciencia, los cuales estaban dirigidos por unos pocos privilegiados, y una emergente clase burguesa, y una gran masa de campesinado que también opondrá dura resistencia hasta el siglo XX, a todas las tentativas de destrucción de su base social, económica, espiritual y comunitaria. Tal y como se relataba al inicio del libro, el gran proyecto transformador del capitalismo, sobre todo en los últimos tiempos, ha sido separar a los individuos entre sí, o incluso se podría decir «inventar la individualidad» y evitar a toda costa cualquier forma de organización social con altos niveles de independencia frente al estado o mercado. Sin embargo, para que el modo de producción capitalista funcionara, no solo era necesaria la proletarización de los campesinos y el aumento de la esclavitud, sino poner la ciencia y la técnica a su servicio poniendo como prioridad el aumento continuado de la productividad. Solo así sería posible continuar en el tiempo con el imperativo del crecimiento y la acumulación de plusvalía sin rendimientos decrecientes.

Las revoluciones industriales con el desarrollo de la manufactura, permitieron un aumento de la productividad al organizar la producción dividiéndola en operaciones parciales y pequeñas, cada una de las cuales cristalizó en una función exclusiva de un trabajador, la unión de las cuales permitía la ejecución de esta producción completamente (Marx y Engels, 1844: 363-364). La producción se volvió entonces esencialmente social, en la medida en que todos los trabajadores participaban parcialmente con el modelo del taylorismo y de la producción en serie, contrariamente a las formas tradicionalmente artesanas. El advenimiento del sistema fabril implica una gran reducción en las habilidades necesarias del obrero, una transformación del artesano o campesino gran conocedor del territorio y de todo tipo de oficios en un simple operario, enfatizando una nueva separación, en este caso entre trabajo manual e intelectual (Harvey, 1982: 31). Años después André Gorz ilustró perfectamente la desesperación del trabajador con el paradigma de la producción en serie, continua y estandarizada que nada tiene que ver con la producción local y artesanal, o característica de las sociedades de subsistencia precapitalistas:

> «Pasan los meses, ocho horas por día, sentados frente a unos cuadrantes que les indican la buena marcha del conjunto, es decir, la inutilidad de los hombres, de su inteligencia, de su capacidad de invención. Entre estos técnicos el aburrimiento llega a convertirse en desesperación, incluso en neurosis» (Gorz, 1967: 127).

El modelo de ciudad industrial que comienza a surgir en el siglo XIX de extensas barriadas obreras con viviendas pequeñas e insalubres, junto a fábricas y vías del ferrocarril y lejos de áreas de pasto, de campos y bosques, contribuyó al aumento de la dependencia de las familias obreras. Ya no tenían lugar donde trabajar un huerto o tener unos animales, de forma que parte del salario debían empezar a dedicarlo a la alimentación familiar. Perelman pone el ejemplo de la aparición de las primeras lavanderías comerciales a principios del siglo XX cuando gran parte de la población urbana ya no tiene tiempo ni espacio para hacerse la colada, obligando así a las familias obreras a vender aún más fuerza de trabajo para obtener mayor salario. Gorz (1967) analiza de forma magistral otro conflicto entre trabajo y trabajadores a partir del siglo XX, como es el aumento de la separación física entre trabajadores, así como de los trabajadores/as respecto a su puesto de trabajo. Esta lógica es nueva en la historia del mundo laboral, en tanto en cuanto a lo largo de la historia el productor, ya fuera ganadero, agricultor o artesano, siempre habitaba cerca de su taller, corral, establo o tierras de cultivo:

> «La militarización del trabajo industrial, la penuria de equipamientos colectivos, el racionamiento del tiempo libre, la dispersión más o menos deliberada de los trabajadores por la vivienda (es decir, la imposibilidad en que se encuentran para comunicarse y reagruparse después del trabajo, la obligación que les es impuesta de vivir allí donde no trabajan y de trabajar donde no viven), todo ello ha tendido a formar individuos solos y frustrados, impotentes por su dispersión y su ignorancia ante los mecanismos nacidos de su trabajo colectivo» (Gorz, 1967: 143).

La separación de los trabajadores y la proletarización también se hace por tanto a partir de la planificación urbana y centralizada por el Estado, creando barrios obreros periféricos lejos de centros de trabajo o polígonos industriales a los que solo se llega en vehículo privado. Igual ocurre en muchos pueblos que viven de enviar a diario trabajadores a centros urbanos a veces lejanos ya que en el pueblo no hay apenas puestos de trabajo. Esta destrucción de las comunidades rurales, de vecinos y de solidaridad obrera en las ciudades continúa en pleno siglo XXI con la turistificación y gentrificación de muchas ciudades, cuyos centros se convierten en parques temáticos para el turismo y residencia para profesionales de altos ingresos, desplazando a clases medias y obreras a periferias metropolitanas cada vez más lejanas y peor conectadas por transporte público:

> «En vez de poner la producción al servicio de la sociedad se pone a la sociedad al servicio de la producción capitalista: esta se las ingenia para ofrecer a los individuos medios siempre nuevos para evadirse de esta realidad social insoportable, y la puesta en práctica en gran escala de estos medios de evasión individual como el automovilismo, casas individuales, campings [...] La sociedad capitalista madura resulta, así, profundamente bárbara como sociedad, en la medida en que no se propone alcanzar ninguna civilización de la existencia social y de las relaciones sociales, ninguna cultura del individuo social, sino únicamente una civilización del consumo individual» (Gorz, 1967: 82-83).

La consecuencia de todo ello en la sociedad actual es el cansancio. Para el periodista Francesc Miró el rasgo fundamental de nuestra sociedad es el cansancio de unas generaciones que han vivido con sueños de progreso que se han ido desvaneciendo en sucesivas crisis y que malviven en habitaciones diminutas de pisos compartidos en ciudades alienantes y turistificadas, dependiendo de un transporte público que no funciona, una meritocracia que no existe y un ascensor social que solo funciona si un familiar vive en el último piso y tiene contactos (Miró, 2024: 141-142), o peor aún unos procesos de movilidad social descendente mucho más nítidos que la apertura de nuevas oportunidades de progreso personal y ascenso social (Romero, 2019: 64). El filósofo surcoreano Byung-Chul Han denomina directamente a las sociedades actuales las sociedades del cansancio. Frente a la sociedad disciplinaria del siglo XX tan bien analizada por Foucault, donde hay explotación laboral del patrón hacia el obrero pasamos a la sociedad del rendimiento en el siglo XXI con sujetos emprendedores de sí mismos (Han, 2019: 25) donde el exceso de trabajo y rendimiento se agudiza y se convierte en autoexplotación creando una sociedad de depresivos, fracasados y personas profundamente frustradas, cuyo voto en convocatorias electorales es muchas veces un voto de rabia y frustración. El sujeto de rendimiento se encuentra en guerra consigo mismo y el depresivo es el inválido de esta guerra interiorizada (Han, 2019: 30). De hecho para Hannah Arendt la sociedad moderna es una sociedad del trabajo que aniquila toda posibilidad de acción, degradando al ser humano a *animal laborans*, a meros animales trabajadores (Arendt, 2009: 266).

Recapitulando, la doxa que comienza a imponerse desde finales de la Edad Media y a lo largo de toda la Edad Moderna, es la de una acumulación primitiva que daría lugar a un capitalismo que se basa, entre otros factores, en la separación entre ser humano y naturaleza con una relación de jerarquía del ser humano sobre esta. Por otra parte, en una separación del campesino del fruto de su trabajo que será apropiado por la clase capitalista o burguesa fruto de la transición violenta del modelo socioeconómico autosuficiente de los campesinos, a un modelo asalariado capitalista en el que el campesino se ve obligado a vender su fuerza de trabajo a cambio de un salario que asegure la vida. Uno de los mayores expertos en historia contemporánea europea y española, Josep Fontana, tituló su libro póstumo como *Capitalismo y democracia. Cómo empezó este engaño.* En él, este autor analiza magistralmente cómo el desarrolo capitalista se basó en arrebatar la tierra y los recursos naturales a quienes los usaban comunalmente y en liquidar las reglamentaciones colectivas de los trabajadores de oficio para poder someterlos a nuevas reglas que hicieran posible expropiarlos de una mayor parte del fruto de su trabajo como se ha analizado aquí (Fontana, 2019) de forma que las democracias liberales hoy en crisis nacieron y florecieron en un contexto de violencia y desposesión sobre territorios y cuerpos que siglos después sorprenden por su desafección con este régimen. Este proceso duró sin embargo siglos, y fue más allá de los campesinos y del medio rural, para despojar también a las sociedades urbanas (Perelman, 2000). Una vez despojadas e instaraurada una sociedad disciplinaria, la sociedad del siglo XXI continúa su evolución poniendo siempre el trabajo y la productividad en el centro, pasando de la figura del trabajador explotado a la del emprendedor autoexplotado que siempre puede producir más.Aquí ya no existe el otro como explotador que me obliga a trabajar y me explota sino que soy yo mismo quien me exploto volutariamente , creyendo que me estoy realizando, matándome a autorrealizarme (Han, 2019: 109). Todo ello termina traduciéndose en individuos cansados y frustrados a los que «no les da la vida» para precisamente las cosas importantes de la vida como son los cuidados, la salud o la contemplación (Han, 2019).

La tercera ruptura: la destrucción de la comunidad y de los bienes comunales

En 1402 el rey castellano Enrique III envió en embajada a Ruy González de Clavijo nada menos que hasta Asia Central para conocer en persona al famoso líder militar Tamerlán que había erigido un imperio a base de conquistas por toda la región, con centro en la ciudad de Samarkanda. Cuando Tamerlán quería conquistar una determinada ciudad, antes enviaba a unos espías a averiguar un aspecto que en principio podría parecer estrafalario: si la ciudad contaba con pocos o muchos hornos de pan. Si en la ciudad había hornos comunitarios o de barrio quería decir que la gente estaría más unida y potencialmente podría ser más complicado conquistar y someter la plaza. En cambio, si cada casa tenía un horno quería decir que en la ciudad dominaba un carácter individualista y poco unido, y por tanto sería más fácil de vencer. Si consideramos la historia de la humanidad desde la aparición en África del *homo sapiens* hasta la actualidad, la inmensa mayoría del tiempo esta especie se ha organizado en clanes, comunidades o grupos con una mayor o menor estratificación social, básicamente cazadores-recolectores. Como suele afirmarse, si la historia de la humanidad durase un día, el tiempo del surgimiento del capitalismo moderno apenas ocuparía el último minuto. Desde los grupos de tuaregs de Mali, hasta los gremios de las ciudades medievales europeas, los pueblos polinesios como los maoríes o los indígenas u'wa, el gran proyecto transformador de la modernidad capitalista fue no solo separar al hombre de la naturaleza y de su trabajo, sino individualizar a los seres humanos y separarlos del cuerpo social de la comunidad, en otras palabras: destruir las comunidades de subsistencia que sobre todo caracterizaban las ruralidades.

La cuestión de la comunidad es un tema central en sociología, antropología y etnografía enormemente complejo, incluso en su definición. En este capítulo hablamos de subsistencia y de comunidad de subsistencia a partir de las teorías de Mies y Bennholdt-Thomsen (1998) según las cuales las sociedades de subsistencia como antítesis de la producción capitalista fueron intencionadamente desaparecidas. Un paso fundamental en esta desaparición fue la destrucción de los bienes comunales, que existieron en prácticamente todas las comunidades rurales del mundo desde tiempos inmemoriales con cientos de modalidades y regímenes jurídicos distintos pero funcionales, como demostró durante gran parte de su vida académica la politóloga Elinor Ostrom (Ostrom, 1990). Por ejemplo, en las montañas de la Corona de Aragón, en especial del norte del País Valenciano, oriente de Aragón y gran parte de Cataluña, se consolidó una forma de poblamiento disperso en torno a la figura de la masía. Escrig y Aparici (2022) explican muy bien en su historia del municipio de Xodos en el interior de la provincia de Castellón, como los masoveros y masoveras, como en muchas otras sociedades surgidas y consolidadas en un contexto histórico pre y proto capitalista tenían un fuerte sentimiento de comunidad que se manifestaba no solo en la esfera del trabajo con las actividades de explotación del bosque o la actividad agropecuaria, sino también en la esfera social de los rituales y las fiestas. Aunque la unidad básica era la familia extensa con tres generaciones conviviendo bajo un mismo techo, existía una noción de comunidad que unía a los masoveros y masoveras de un mismo valle o municipio. El despegue del capitalismo necesitaba someter a sociedades de fuerte base comunitaria como la masovera y reorientarla hacia la producción en un marco capitalista. No solo hubo por tanto una colonización externa que dio lugar a la acumulación primitiva, sino una colonización interna a partir de la privatización de tierras que empezaría precisamente en Inglaterra, cuna del capitalismo. Esta colonización y sometimiento de sociedades no capitalistas resultaba fundamental porque:

> «El capitalismo necesita, para su existencia y desarrollo, estar rodeado de formas de producción no capitalistas. Pero no le basta cualquiera de estas formas. Necesita como mercados capas sociales no capitalistas para colocar su plusvalía. Ellas constituyen a su vez fuentes de adquisición de sus medios de producción, y son reservas de obreros para su sistema asalariado» (Luxemburgo, 2018: 179).

Una vez se establecieron las bases del desarrollo capitalista por parte de la burguesía comercial y de la aristocracia y se comenzaron a dibujar las rupturas ser humano-naturaleza y trabajador-trabajo era fundamental consolidar el proyecto capitalista terminando con toda organización económica y política no capitalista basada en la propiedad comunal de la tierra, en la servidumbre feudal o en las sociedades indígenas de las nuevas colonias en África, América y posteriormente Asia. Se inició una lucha a muerte contra toda forma de sociedad no capitalista, desde el comunismo primitivo de muchas sociedades campesinas, y sobre todo miles de pueblos y naciones indígenas para someterlas y transformarlas en sociedades de individuos asalariados y desposeídos. Esta lucha se basó en dos colonizaciones: la colonización interna de los países europeos, sobre todo de sus áreas rurales, y la colonización externa de otros territorios y cuerpos, básicamente indígenas y mujeres como se verá en el siguiente capítulo. Los métodos fueron bien conocidos: la guerra, la presión tributaria obligando a pagar en moneda impuestos crecientes, la esclavitud y la bajada de precios de las mercancías para arruinar mercados y productores locales y artesanos.

Así, en los países mediterráneos el capitalismo como ideología, modelo económico, social y cultural fue imponiéndose, no sin violencia, en la sociedad desde las ciudades y primeros focos de industrialización. El tradicional sistema de doble poder: señorial-monárquico-estatal frente a un robusto poder concejil popular fue desmantelado (Bardají, 2021), pero no sin violencia. Hacia 1520 coincidieron casi simultáneamente las guerras de les Germanies en el Reino de Valencia y posteriormente el de Mallorca, con la guerra de las comunidades de Castilla. Si bien las tres rebeliones han sido objeto de largos debates historiográficos y las interpretaciones sobre sus causas son múltiples, en común tienen el aumento del malestar de los campesinos y gremios de oficios en ciudades frente al patriciado urbano, los mercaderes de la lana y la monarquía por la creciente presión fiscal. Una vez debilitado este poder popular y concejil, hubo una transición más tranquila que violenta de estas élites, desde poderes terratenientes caciquiles, a poderes terratenientes capitalistas. Si bien en algunos países como Francia, Bélgica o Alemania parte de esta nobleza cayó en desgracia fruto de las revoluciones liberales, en países como España o Italia se trató más bien de una transición tranquila, o dicho de otro modo por el famoso «Gatopardo» de Giuseppe Tomasi di Lampedusa: «si queremos que todo siga como está, es necesario que todo cambie... una de esas batallas que se libran para que todo siga como está». En efecto, el personaje inspirado en el bisabuelo del propio autor asiste con melancolía al final de una época y al triunfo de la nueva república italiana marcadamente liberal en la Sicilia rural de 1860, pero se tranquiliza con esta reflexión, ya que todos estos cambios no impedirán que siga disfrutando de sus privilegios como noble.

Palacio de Lampedusa, en la Sicilia rural, donde se sitúa la novela de *El Gatopardo*: el ejemplo de una transición tranquila de una familia aristocrática a burguesa. Fotografía del autor.

Desde Sicilia a Escocia pasando por Andalucía o Renania, durante el siglo XIX y no sin resistencias de todo tipo, comenzó la gran transformación el medio rural como un conjunto muy heterogéneo de sociedades de subistencia en territorios de producción agrícola capitalista en mano privadas y reserva demográfica. Es una aplicación del concepto de disvalor de Ivan Illich (Illich, 2005, citado por Garcia, 2021). Se trató de poner en barbecho los comunes y los cultivos, con el resultado de que el trabajo tradicional fue despojado de su capacidad de generar subsistencia, ya que los bienes comunales no eran solamente parcelas de cultivos o normas consuetudinarias, sino todo un conjunto de normas y técnicas que funcionaban como seguros colectivos para la supervivencia de la sociedad. Según Illich, la desaparición de las actividades vernáculas no es consecuencia del desarrollo, sino que el desarrollo capitalista funciona a partir de la devastación y desvalorización de las culturas tradicionales no mercantilizadas (Chastenet, 2023: 139). Un paso fundamental para ello fue la privatización de los bienes comunales.

La propia noción de comunidad sugiere la existencia de un grupo organizado con pocas jerarquías, y que encuentra en el apoyo mutuo su principal vía de reproducción social. Esto conlleva la gestión de una serie de recursos que supera la esfera privada, esfera que por cierto no deja de ser una concepción bastante moderna del individuo en sociedad. Los bienes comunales incluyen recursos naturales tanto de la categoría de *res communes* como de *res publicae* según la sociedad y el periodo histórico. A grandes rasgos los bienes comunales designan a un conjunto de pastizales, bosques, tierras de labor, edificaciones y caminos que son propiedad de una comunidad, y esta se encarga de su mantenimiento y sustento, desde la dehesa boyal hasta molinos harineros. En segundo lugar, designa un conjunto de derechos consuetudinarios de paso, acceso o aprovechamiento en terrenos de la nobleza, clero, realeza o bienes de propios de comunidades y villas. En esta categoría tiene especial importancia la actividad ganadera. Las rutas de trashumancia no habrían sido posibles sin el establecimiento de una serie de derechos de paso, de pacer ganados en terrenos ajenos, o de abrevar. Estos derechos de paso o acceso también son bienes comunales entre varias villas y aldeas que se distinguen de los baldíos que no son propiedad de nadie.

Las primeras noticias sobre bienes comunales en países como España son del periodo de la conquista cristiana ya desde la Alta Edad Media. Se comienza a distinguir entre los bienes que se reparten a los pobladores cristianos frente a los que quedan «en común» (Garrido, 1962: 676). Entre los primeros están los bienes de particulares y los segundos constituirán los bienes comunales a varias aldeas o villas, los bienes de propios de las aldeas y villas y los bienes de aprovechamiento público creando no pocas confusiones entre los bienes públicos y los comunitarios.

Un primer tipo de bienes comunales eran los bienes de propios de los pueblos. Este tipo de bienes estaba compuesto de dehesas, montes, pinares, prados, eras, tierras labrantías, molinos, mataderos, almudíes, edificios, censos y otros derechos y eran de dos clases: fincas productivas arrendadas en público remate, para con sus rendimientos atender a los gastos municipales, y fincas de aprovechamiento común, cuyo disfrute, reservado exclusivamente a los vecinos de cada pueblo, era gratuito en absoluto (Lecea y García, citado por Garrido, 1962: 679). En segundo lugar, había otro conjunto de bienes comunales también compuesto de montes, pinares, prados, tierras de labor, molinos, etc. que eran de aprovechamiento común entre varias aldeas y villas. Esto ocurre frecuentemente con molinos harineros o traperos, para la molienda de varias poblaciones.

A este conjunto de bienes hay que añadir un rico y variado corpus de derecho consuetudinario de acceso y disfrute de tierras por parte de los vecinos/as de una determinada villa o comunidad. Uno de los ejemplos más comunes fue la derrota de las mieses, una práctica consuetudinaria sancionada y regulada por ordenanzas municipales, que tenía como objetivo permitir el paso y pasto de ganado en tierras en barbecho tras la cosecha. Según Sánchez (2002), esta práctica se justificaba en la necesidad de compatibilizar la agricultura con la ganadería en países mediterráneos, donde la sequía estival no permitía los cultivos forrajeros ni, por tanto, la ganadería intensiva. Las condiciones del medio natural hacían preciso que los rebaños se alimentasen en los barbechos y rastrojos cuando los pastos naturales estaban agostados en verano. Este derecho, como muchos otros de recogida de leñas, hojas u hongos en bosques, o el derecho de espigar (o espigolar en catalán como derecho de recoger los frutos que quedan en el campo después de la cosecha general), se fundamentaban en el derecho de aprovechar una cosa ajena usándola por razón de utilidad (no por capricho) sin que el dueño sufra perjuicio, puesto que este uso ha de ser inofensivo (Sánchez, 2002: 85).

Así, el disfrute de los bienes comunales, como conjunto de derechos de aprovechamientos libres y gratuitos fueron fundamentales, no solo para la ocupación de nuevas tierras durante la Edad Media, sino sobre todo para el sustento de sus comunidades, en especial la población con menos recursos. De hecho, algunas ordenanzas daban facilidades especiales para la recogida de leñas a los vecinos más pobres (Sanz, 1980: 102).

Además, los bienes comunales permitieron en muchos casos mantener la biodiversidad durante siglos. Numerosas ordenanzas sobre bienes comunales buscaban asegurar el abastecimiento y la no extinción de especies de pesca y cinegéticas. En numerosas poblaciones de Castilla se prohibía expresamente la caza o pesca con instrumentos demasiado eficaces como redes o venenos e incluso se vedaban algunos tramos de río y del término que se considerasen propicios como hábitat para fauna y flora de interés (Sanz, 1980: 102). Esto incluía el establecimiento de límites en los aprovechamientos de cada vecino para evitar la sobrexplotación del monte. Por ejemplo, en las ordenanzas de varias comunidades segovianas se establece un máximo de dos cabras por vecino para evitar un excesivo desbroce del monte (Sanz, 1980: 106). En caso de incendio forestal, los adelantados debían dar la alarma en los pueblos más próximos, y todos sus habitantes no impedidos mayores de 15 años y menores de 60, tenían obligación de acudir con palos y azadones a «matar el fuego», bajo severísimas penas (Sanz, 1980: 106). En definitiva, la pervivencia durante siglos de los bienes comunales permitió mantener una rica biodiversidad, por supuesto no exenta de periodos de sobrexplotación, destrucción o degradación. Incluso más allá del ordenamiento de los bienes comunales, en el antiguo régimen fue común la imposición de todo tipo de obligaciones en las propiedades privadas, también para evitar la pérdida de biodiversidad forestal o su degradación para poder proveer de leña y madera como material de construcción. Por ejemplo en un manual sobre derecho real de 1764 se advierte que:

> «El uso de las arboledas o plantíos que están en heredades propias, es de los dueños de las heredades, y también la propiedad, pero les está prohibido cortarlos sin dar parte al Justicia, quien debe concederles licencia; con tal, que por cada árbol viejo que cortasen, planten cinco renuevos, en virtud de la Real Orden de plantíos de 12 de diciembre de 1748» (Silvestre, 1764: 47).

De hecho esta misma real orden establece que los montes y bosques quemados debían ser repoblados, incluso los de propiedad privada, ya que la Ordenanza exigía que los dueños debían replantarlos según lo dispuesto por los expertos en campañas anuales. Si no lo hiciesen, se encargaría de hacerlo el pueblo en cuyo término estuviese el terreno, quedando el aprovechamiento del monte repoblado para disfrute de la comunidad (Montagut, 2016), con lo que se abría la posibilidad de ampliar así el monte comunal. Este tipo de limitaciones y restricciones eran el objeto de críticas de todo tipo de intelectuales ilustrados porque suponían impedimentos para la explotación de los recursos naturales. Sin embargo, ya desde el siglo XVI comienza tímidamente en Europa, iniciándose en Inglaterra, un lento proceso de privatización y acaparamiento de bienes comunales. El origen de la creciente incidencia e interés del Estado en acaparar bienes comunales en este siglo es la necesidad de obtener una proporción cada vez mayor de los recursos económicos producidos en el campo (Sanz, 1980: 113) con el objetivo de financiar los ingentes gastos de la conquista y colonización de las Américas y de atender las necesidades de alimentación de una población en aumento. La prosperidad del comercio con las Américas aceleró además el cercamiento de bienes comunales en la metrópolis, y la destrucción y colonización de territorios indígenas en las Américas, como se expondrá posteriormente. Las ordenanzas de villas y aldeas se encargaron durante este primer periodo que se extendió aproximadamente desde el siglo XVI al XVIII, de defender obsesivamente los derechos y bienes comunales frente a los intentos de privatización, o la roturación de nuevas tierras, con frecuentes conflictos con la Iglesia y la Corona (Sanz, 1980).

Entre 1604 y 1914, 6,8 millones de acres, lo que equivale a 27.518, 62 km^2, un quinto de toda la superficie de Inglaterra, fueron cercados y privatizados, tierras que anteriormente habían sido bienes comunales (Shrubsole, 2019:78). No fueron reformas pacíficas, sino que tuvieron una fuerte oposición por parte del campesinado y de gran parte de la población rural, con movimientos sociales históricos muy activos como los *Diggers* con líderes como Gerrard Winstanley, que ya en pleno siglo XVII inició varios movimientos de ocupación de tierras cercadas incultas y llevó a cabo importantes campañas exigiendo un reparto de la tierra más igualitario sobre todo durante la guerra civil inglesa a mediados de siglo. Un caso famoso es el del bosque de Rockingham, donde 11.000 hectáreas anteriormente comunales fueron cercadas y privatizadas, 350 granjas destruidas y miles de personas en 18 poblaciones expulsadas de sus tierras (Hayes, 2020: 113).

Mientras tanto, en España, la habilitación de puertos como el de Santander para libre comercio con América en 1765 dio lugar a un proceso de intensificación impulsado por los grandes propietarios. Estos procedieron a cercar tierras que arrendaron para poner hortalizas, consiguiendo con ello un aumento significativo de la renta en pocos años (Sánchez, 2002: 90). En esta misma época comenzó una furibunda crítica de los ilustrados liberales a los bienes y prácticas comunitarias teniendo como modelo precisamente los procesos de privatización y cercamiento en Inglaterra. Jovellanos calificaba la derrota de mieses como una «costumbre bárbara nacida en tiempos bárbaros» que «menoscaba la propiedad individual entorpeciendo su progreso» (Sánchez, 2002: 101-102). De esta manera se fue imponiendo un consenso amplio sobre la idea de progreso como combate al antiguo régimen, incluyendo aquí la privatización o limitación de bienes comunales y derechos consuetudinarios. Aún tuvieron que esperar ilustrados y liberales en ver cumplidas sus exigencias. Las desamortizaciones de Mendizábal o Madoz en España ya bien entrados en el siglo XIX supusieron la privatización efectiva y acelerada de todo tipo de bienes comunales, incluidos frecuentemente en lotes pertenecientes a órdenes religiosas o de la nobleza, lo que supuso un aumento exponencial de la pobreza rural, y de los hurtos de todo tipo de productos forestales, especialmente leña.

Esta misma situación ya se vivía en Inglaterra. Entre 1650 y 1850 el delito más común en la Inglaterra rural fue el robo de leñas, ramas y otros productos del bosque en terrenos que previamente habían sido comunales (Scott, 2014). No solo ocurrió en Inglaterra. Desde el siglo XVIII y especialmente durante el siglo XIX se multiplicaron las revueltas campesinas contra los intentos de los nuevos Estados-Nación de privatizar de diferentes maneras tierras y bosques comunales, y de imponer cargas fiscales crecientes y todo tipo de vetos a cualquier actividad de aprovechamiento forestal. Un joven Carlos Marx publicó en 1843 el texto: *Los debates de la dieta renana*, en el que denunciaba una serie de proyectos de ley aprobados por la Asamblea de Renania para castigar el robo de leñas por parte de campesinos pobres. La sociedad civil renana había heredado de la Revolución y la presencia francesas una reforma jurídica centrada en la libre disposición de la propiedad privada y la igualdad abstracta de los sujetos de derecho, en total desacuerdo con las tradiciones feudales del derecho germánico (Bensaïd, 2007: 7). El conflicto que relata Marx en una serie de artículos es sobre el sinsentido de castigar penalmente la recogida de leña suelta en un bosque, por el simple hecho de haber sido privatizado o convertido en una *res nullius* completamente apropiada por un propietario, normalmente de la nobleza. Se trataba de sancionar la apropiación ilegal de leña y de otros productos forestales por parte de campesinos que ya en esa época estaban masivamente pauperizados, pese a que el objeto de ese hurto era simplemente su consumo inmediato para destinarla a calefacción (Bensaïd, 2007). También en Renania y en otros territorios de Alemania estaban imponiéndose las *enclosures* y la destrucción de bienes comunales (Bensaïd, 2015). Igualmente criticó las desamortizaciones de tierras de la Iglesia:

> «Los conventos fueron suprimidos. Se secularizaron sus bienes y este fue un acto de justicia. Sin embargo, no se propuso ningún recurso positivo para reemplazar el apoyo contingente que recibían los pobres en los conventos. Al hacer de la propiedad de los bienes monacales una propiedad privada, si bien se indemnizó a los religiosos, no se indemnizó a los pobres que vivían en los conventos. Por el contrario, se les impuso un nuevo límite y se les privó de un antiguo derecho» (Marx, 1842, citado por Bensaïd, 2015: 28).

En el país vecino, Francia, en 1829 comienza un violento conflicto en el Pirineo francés, en el departamento de Ariège, que se alargará hasta 1872 y que se conoció como *La guerre des demoiselles* o «guerra de las damas». La razón fundamental fue la aprobación de una ley forestal que suprimía todo tipo de derechos de las comunidades sobre el bosque, como la caza, recogida de leñas, hojas o carbones (Baby, 2012). El nombre de este conflicto se refiere a la vestimenta de mujer que utilizaban los insurrectos para pasar desapercibidos. Esta guerra puso en jaque durante años al Estado francés, por la cantidad de insurrectos y la dificultad de encontrarlos en la difícil orografía pirenaica, ante lo cual se terminó modificando esta ley para permitir algunos aprovechamientos en los bosques del Ariège (Baby, 2012). Y de nuevo en España, la Real Orden dictada por el Ministerio de la Gobernación en 22 de mayo de 1848 determinó: «Que todos los montes de propios y comunes, cualquiera que sea la época y origen de su adquisición, están sujetos a las disposiciones generales que los rigen, en virtud de las cuales los vecinos no están autorizados para proceder al aprovechamiento de sus arboledas, sino por medio de los Ayuntamientos, que son los administradores legítimos de los intereses comunales» (Garrido, 1962: 684). Esto supuso en la práctica la prohibición de la recogida de leñas, hojas, hongos o carbón vegetal como derecho consuetudinario libre y gratuito para los miembros de la comunidad. Numerosos recién estrenados ayuntamientos aprovecharon estas circunstancias para cobrar todo tipo de impuestos y arbitrios de aprovechamiento, lo que supuso en la práctica para muchos de sus habitantes, verse obligados a conseguir capital, y por lo tanto a proletarizarse, o a marchar. No en vano en esta época de desamortizaciones explotaron hasta tres guerras civiles con especial virulencia en áreas rurales.

En definitiva, el siglo XIX en Europa es el periodo de mayor aumento de los cercamientos y privatizaciones de todo tipo y la extensión de una agricultura con una mentalidad cada vez más capitalista y desigual en su propiedad, frente a una ganadería y agricultura de base comunitaria. Esto sería el germen de la proletarización del campesinado y del éxodo rural hacia las grandes ciudades en proceso de industralización (Del Romero, 2018). Volviendo al Reino Unido, el final del siglo XIX en pleno esplendor victoriano fue también el cénit de la privatización de tierras comunales y su concentración en un grupo selecto de nobles latifundistas y nuevos ricos, mientras que en España avanzaban las desamortizaciones. En total estos nobles poseían 18 millones de acres, la mitad de la superficie de Inglaterra y Gales, pese a que este selecto grupo de 4400 nobles y burgueses representaban apenas el 0,01 % de la población (Shrubsole, 2019: 84): Según este autor poco o nada cambió en 800 años de historia desde el desembarco normando de 1065; de los 200 barones normandos que se repartieron la tierra en aquella época, se habían pasado a 2200 nobles que controlaban gran parte del país. Este proceso de cercamientos se desarrolló en paralelo al incipiente e intenso proceso de industrialización y su reflejo en el éxodo rural y crisis del medio rural. Así, solamente en el periodo comprendido entre 1879 y 1900 las tierras de labor disminuyeron un 25 % y el total de explotaciones agrarias un 50 % (Waine y Hilliam, 61).

En ese contexto se desarrollaron movimientos sociales importantes como la *Commons Preservation Society de* la reformadora social Octavia Hill, pionera en promover junto a John Ruskin vivienda social para obreros industriales y las clases más empobrecidas en el Londres de cambio de siglo. No obstante, la fundación de la CPS en 1865 no solamente se ocupó en denunciar el hacinamiento de las clases obreras en las ciudades inglesas, sino que también fue el primer movimiento social de carácter abiertamente ambiental (Waine y Hilliam, 2016: 27). Así, en 1866 consiguió que se aprobara la *Metropolitan Commons Act* para proteger 180 bienes comunales en un radio de 15 millas de Londres, y evitar así su cercamiento, privatización y posterior venta para nuevos desarrollos urbanos (Waine y Hilliam, 2016: 29) y en 1884 se creó el famoso *National Trust*, la primera entidad de custodia del territorio promovida por Robert Hunter, vicepresidente de la CPS. Desde su nacimiento, esta asociación formada por socios particulares, sobre todo, pero también empresas privadas y administraciones públicas, se dedicó a comprar todo tipo de bienes inmuebles y áreas de interés natural para su restauración y preservación como patrimonio natural o cultural. El nombre oficial que se eligió fue: «Fundación nacional para la preservación de lugares de interés histórico y ambiental en Inglaterra y Gales» y nació con una fuerte oposición de propietarios y empresas inmobiliarias en estrecha relación con el Gobierno británico (Waine y Hilliam, 2016: 36). La desafección de obreros y campesinos con el Gobierno empezó a evidenciarse ya desde esta época y se transformaría en malestar y protesta durante décadas.

Sin embargo, las privatizaciones y expulsiones de bienes comunales y de comunidades enteras no terminaron en Inglaterra con la muerte de la reina Victoria ni pese a las sucesivas campañas de la CPS o las fuertes convulsiones sociales y políticas de las décadas siguientes. Precisamente durante la Segunda Guerra Mundial fueron varias las poblaciones completamente evacuadas, incluyendo sus bienes comunales, como Tyneham en Dorset para construir un campo de tiro de artillería (Shrubsole, 2019: 157). Otras poblaciones como Sturston, Langford, Stanford, Buckenham Tofts o Tottington fueron igualmente evacuadas junto con sus tierras para siempre con fines militares y de defensa y sus habitantes nunca pudieron regresar (Shrubsole, 2019: 158). La destrucción del medio rural y natural, en gran parte mediante la privatización de bienes comunales había seguido su curso en las primeras décadas del siglo XX y se había acelerado durante la Segunda Guerra Mundial. Los esfuerzos de protección del medio rural como paisaje y patrimonio continuaron avanzando, sobre todo tras la fundación del Consejo para la Preservación de la Inglaterra Rural en 1925 (CPRE en sus siglas en inglés), promovido de nuevo por miembros del *National Trust* y de la CPS y con la finalidad de proteger el paisaje rural y agrícola británico que estaba en plena crisis por el éxodo rural y la industrialización.

Volviendo a España y ya en pleno siglo XIX las desamortizaciones y acaparamiento de bienes comunales prosiguieron en dos líneas. La primera fue mediante la privatización de montes comunales ya iniciada con Madoz, que supondría según Bardají (2021) la mayor deforestación de la península en toda su historia. Posteriormente prosiguió de la mano de las famosas repoblaciones forestales que transformaron cientos de miles de hectáreas de monte comunal a monte público cercado (Del Romero, 2018) y expulsaron a miles de personas de los montes, en especial pastores (Bardají, 2021). La segunda línea fue básicamente la búsqueda de financiación a partir de la venta de bienes comunales. Cabanillas retrara en su novela de ficción *Quercus* situaciones muy reales que se vivieron a partir de la posguerra:

> «Un día el Ayuntamiento aprobó en un pleno la venta. Allí constaba que se vendían mil ochocientas hectáreas de tierras comunales del Ayuntamiento de Valdelagua por un valor de medio millón de pesetas. Pero la gente, sin atreverse a manifestarlo, no se lo creía. A sabiendas de que algo le habían dado por lo bajini, pues ese precio era un regalo» (Cabanillas, 2019).

Además de bosques y pastos, en el caso de España se privatizaron de manera encubierta incluso los cauces de los ríos. Desde principios del siglo XX son las confederaciones hidrográficas como organismos públicos las encargadas de la planificación hidrológica, y la legislación en materia de aguas establece que tanto los cauces fluviales como sus márgenes constituyen un dominio público hidráulico donde se impide o limita cualquier construcción o uso privado del suelo. Pero esto no significa que los ríos españoles sean de libre acceso o que se mantengan los derechos consuetudinarios y bienes comunales. En España se calcula que hay unos 25.000 kilómetros de ríos. Es un cálculo aproximado sin tener en cuenta afluentes o ramblas. En estos cursos fluviales perennes existen hoy en día 1538 presas para aprovechamientos hidroeléctricos, regadíos o laminación de avenidas (MITECO, 2021). En este cómputo no se tienen en cuenta los miles de pequeños azudes y presas para riegos, laminación de avenidas y pequeños aprovechamientos hidroeléctricos. Aún así esto da una media de una presa por cada seis kilómetros de río. Los ríos españoles son por lo tanto de libre acceso, pero cuentan entre los más regulados del mundo, con el impacto ambiental que ello conlleva. Cada presa o embalse supone un obstáculo, muchas veces físico por la presencia de vallas o de la propia presa, lo que dificulta o impide el acceso al río que ha sido históricamente un elemento fundamental para el sustento de las comunidades rurales. En Inglaterra la situación es incluso peor en la actualidad. El problema de las privatizaciones y usurpaciones de tierras no solo afecta a campos, bosques y pastos, sino a los propios ríos, donde el derecho de acceso está restringido. Se calcula que en Inglaterra hay 69.000 kilómetros de ríos, pero solo hay derecho de acceso en 2253, lo que representa un 3 % (Hayes, 2021: 307). Uno de los grandes conflictos históricos y presentes en la Inglaterra rural es el derecho de paso en tierras antiguamente comunales. Existen numerosos activistas y asociaciones que reclaman un derecho de paso con fines didácticos, turísticos o de ocio, ya que aún hoy gran parte incluso de las áreas naturales de mayor interés de Inglaterra están en manos privadas e incluso completamente valladas. A medida que ha aumentado la población en Inglaterra que ya supera los 56 millones en un país de apenas 130.000 km^2 y que ha aumentado la conciencia ambiental y sobre el medio rural, se redobla la presión para recuperar bienes comunales a pueblos, o si no para permitir derechos de acceso o de paso.

A esta privatización encubierta de ríos y cauces se añade la privatización de antiguos terrenos de monte y bosque antiguamente comunales, pero sin una propiedad o titularidad clara, ya que este tipo de bienes no suelen contar con escrituras. Los procesos de acaparamiento de antiguos terrenos comunales continúan vigentes hoy en día, tal y como relata Gancedo en la aldea de Bernagoitia en el municipio de Amorebieta-Etxano:

> «Últimamente la diputación está vallando [el monte], pese a ser del común, para plantar árboles. Subió Crispín a vigilar sus ovejas una tarde y las halló amontonadas y confundidas al encontrar cegados los pasos habituales, esos que ellas tan bien conocen. Cerradura por aquí, cerradura por allá, no tenían ni agua las pobres» (Gancedo, 2015: 215).

«Ni las mujeres ni la tierra somos territorios de conquista». La colonización de cuerpos femeninos, no blancos y territorios no europeos

Más allá de la colonización interna de los territorios rurales europeos y norteamericanos a medida que las lógicas capitalistas penetraban en el medio rural desarticulando toda sociedad no capitalista, también hubo otro proceso aún más espectacular de colonización y sometimiento de cuerpos y territorios: por un lado la conversión de la mujer como mero engranaje al servicio de la familia nuclear y de la necesaria reproducción de la sociedad capitalista y por otro la colonización de vastos territorios por parte de potencias europeas en gran parte del planeta desde el siglo XVI al XIX con control político, militar y religioso, y a partir del siglo XX como neocolonialismo económico y cultural al servicio del capital, dos procesos que durante mucho tiempo se han considerado desde «naturales» hasta directamente designios divinos para consolidar la sociedad capitalista heteropatriarcal industrial de nuestros días. La raíz de estas transformaciones se encuentra en el pensamiento occidental forjado precisamente durante la Edad Moderna y la Ilustración. Este pensamiento elaboró estrategias para colonizar con una noción dualista y de superioridad, un mecanismo de poder que clasifica al diferente únicamente como objeto de conocimiento y control (Nogales, 2017: 10), ya fuesen mujeres, indígenas o la propia naturaleza. Tal y como se comentó en la sección anterior y coincidiendo con Aristizábal (2022), una de las características de este paradigma moderno es separar y dividir lo que está unido y establecer unas oposiciones y disyunciones que conducen a dicotomías y dualismos: el cuerpo y la mente, el sujeto y el objeto, lo humano y la naturaleza. Una buena muestra de esto fue la actitud política mostrada desde el inicio de la colonización. Por ejemplo, como argumenta Federici (2010: 290):

> «Al definir a las poblaciones aborígenes como caníbales, adoradores del Diablo y sodomitas, los españoles respaldaron la ficción de que la conquista no fue una desenfrenada búsqueda de oro y plata sino una misión de conversión, una reclamación que, en 1508, ayudó a la Corona Española a obtener la bendición papal y la autoridad absoluta de la Iglesia en América».

Pero esto no fue siempre así. Durante gran parte de la historia de la especie humana, las sociedades no se agruparon en estados regidos normalmente por hombres con poderes a veces absolutos y un objetivo de dominación del otro. Lo «natural» del ser humano se encuentra en sociedades organizadas comunalmente por todos los miembros del clan, incluyendo mujeres (Instituto Andrea Wolf, 2020: 47; Villalobos, 2022). Antes de la conquista, las mujeres americanas tenían sus propias organizaciones, sus esferas de actividad reconocidas socialmente y, si bien no eran iguales a los hombres, se las consideraba complementarias a ellos en cuanto a su contribución a la familia y la sociedad (Federici, 2010: 304).

A lo largo de la historia ha habido diferentes «rupturas sexuales», procesos históricos que han supuesto un cambio radical a nivel político, social, espiritual y cultural con respecto a la relación entre el hombre y la mujer, a la manera de concebir a las mujeres dentro de la sociedad, y a la sociedad en su conjunto (Instituto Andrea Wolf, 2020: 20). Las primeras rupturas sexuales se producen con las sociedades mesopotámicas en las que comienzan a construirse mitologías que poco a poco imponen una cosmovisión en la que la mujer pasa de ser símbolo de lo sagrado, la fertilidad y la tierra, a una creciente subordinación respecto al hombre. Este proceso se acentúa con el periodo de las religiones monoteístas en la que la mujer pasa de ser el centro, a ser hermana, esposa o madre de una única divinidad masculina indiscutible (Ibid., pág. 65). No ha sido hasta fechas muy recientes que la teología ecofeminista latinoamericana ha deconstruido la imagen del Dios patriarcal, reconstruyendo el significado de la Trinidad, dilucidando el sentido de lo sagrado, revisando los atributos divinos, criticando los símbolos cristianos y desarrollando una hermenéutica feminista, además de rescatar a las deidades femeninas que subsisten en las vírgenes que han existido en América (La Danta Las Canta, 2017). Por lo tanto, es el varón quien se convierte en el sujeto dominante de la mayoría de las sociedades (aunque en África y Asia persisten otras culturas matriarcales o de clanes mucho más igualitarios, en especial en sociedades rurales), construyendo una serie de culturas androcentristas en diferentes niveles.

Figura 6: Cuadro de la Virgen del Cerro de Potosí, máximo exponente del barroco mestizo y fusión de una deidad femenina de los pueblos indígenas con la Virgen María católica personificando el cerro del oro de Potosí como una mujer que da riqueza. Fotografía del autor.

No obstante la gran ruptura sexual comienza a fraguarse con el advenimiento del capitalismo y consiste en la total subordinación de la mujer al servicio de la reproducción del capital. No se trata de un fenómeno aislado.

Existen vínculos significativos entre la subordinación de las mujeres (y otros grupos sociales poco privilegiados) y la explotación y reificación de la naturaleza anteriormente descrito (Herrero, 2017). El relato de las tres separaciones que impuso el capitalismo resulta incompleto si no se incorpora un elemento fundamental en la consolidación del sistema capitalista y el surgimiento del Estado-Nación liberal como fue la subordinación, invisibilización e infravaloración de las mujeres. Para Bauman esta consolidación requería liberar la iniciativa comercial de los grilletes de las obligaciones domésticas y de la densa trama de los deberes éticos, de todos los vínculos que condicionan la reciprocidad humana y la mutua responsabilidad y conservar tan solo el «nexo del dinero» (Bauman, 2022). En síntesis, podría afirmarse que en paralelo con la consolidación de las lógicas capitalistas, las nuevas élites burguesas, frecuentemente apoyadas en la nobleza y la monarquía (legitimación a través de la fuerza), y la Iglesia (legitimación a partir de la religión), intentaron reorganizar a la población en la familia nuclear como unidad productiva y reproductiva básica de la sociedad, con una clara subordinación de la mujer. Esta transformación es mucho más reciente y amplia de lo que suele pensarse. Federici (2010:60) habla por ejemplo de las múltiples herejías que proliferaron en la Europa de la Alta Edad Media como la de los cátaros, que predicarían la elusión del matrimonio y de la procreación y donde las mujeres ocupaban un lugar destacado. El pensador reaccionario francés Louis de Bonald considera a la familia nuclear con la subordinación de la mujer no solo como una suerte de pequeño estado, sino como la base fundamental del Estado (de Bonald, 1823). A la invención de la sociedad de individuos relatada en capítulos anteriores había que añadir para su funcionamiento una división sexual entre trabajo masculino generador de plusvalía y un trabajo femenino necesario en la esfera doméstica, la reproducción y los cuidados.

La propia idea de plusvalía que surge con el capitalismo tiene un sesgo patriarcal. Para Maria Mies la plusvalía no es más que una apropiación violenta de la naturaleza, que necesita de materia prima para reproducirse y de los cuerpos de las mujeres, que también necesitan a la naturaleza para sostener la vida y asegurar la supervivencia (Mies, 2019). De aquí la frase tan escuchada en todo tipo de reivindicaciones feministas y ecologistas, de volver a poner la vida en el centro en lugar del capital. Tanto Mies (2019), como posteriormente Federici analizan magistralmente este proceso de domesticación de la mujer con todo tipo de políticas, como las famosas cazas de brujas:

> «La caza de brujas que arrasó Europa entre los siglos XII y XVII fue uno de los mecanismos utilizados para controlar y subordinar a las mujeres, a las campesinas y las artesanas, mujeres cuya independencia sexual y económica suponía un peligro para el emergente orden burgués». (Mies, 2019: 163).

Con la consolidación de la familia nuclear como unidad básica reproductiva, la mujer asume el rol de mantener y reproducir las condiciones de vida y proporcionar el entorno necesario para el desarrollo de los logros masculinos (Herrero, 2017: 21). El androcentrismo capitalista surgido de la modernidad capitalista y que se fue infiltrando e imponiendo en muchas sociedades rurales no androcéntricas supuso la infravaloración e invisibilización de las aportaciones de las mujeres en muchos ámbitos (arte, ciencia, historia, cultura), hasta el punto de dar la sensación de que nunca se hubieran producido. Así sucede también con uno de los ámbitos más vinculados a la experiencia vital de las mujeres: los trabajos de sostenimiento de la vida (FUHEM, 2018). En este sentido, la crisis del modelo de familia nuclear patriarcal y heteronormativa también es una fuente de conflicto creciente con el propio modelo de democracia liberal (Lehr, 1999) y de Estado-Nación que pretende conjugar una libertad individual, con unos principios patriarcales (Richards, 2013). Igualmente, muchas sociedades rurales y sus agriculturas capitalistas donde la mujer/esposa es poco más que una operaria invisible con una marcada división sexual del trabajo también entran en confictο y comienzan a cuestionarse por qué es tan complicado para las mujeres ser titulares de explotaciones o heredar tierras (Bénézit, 2021; Francoeur, 2023).

En paralelo a la dominación de la mujer, las grandes potencias europeas comenzaron la gran empresa de la dominación colonial de las Américas, África y posteriormente el sureste asiático. El sistema de dependencia colonial que se inauguró con las colonias americanas fue el otro ingrediente esencial para la famosa acumulación primitiva del capitalismo, para crear grandes centros industriales rodeado de periferias completamete dependientes reducidas a meras proveedoras de mano de obra esclava (incluyendo mujeres), materias primas y algunos mercados de consumo para los productos manufacturados por estos mismos centros. Para Shiva (1988: 2), el empobrecimiento ambiental, cultural y material que sufrieron los territorios colonizados fue paralelo al empobrecimiento de la mujer sobre todo indígena y su reducción a sujetos descualificados profesionalmente y privados del acceso a la tierra, la tecnología y el empleo. Volviendo de nuevo a Mies, el ataque brutal contra los pueblos de África, Asia y América que llevaron a cabo los mercaderes capitalistas europeos se justificó como misión civilizadora de las naciones cristianas (Mies, 2019: 178).

Aquí encontramos la conexión existente entre el proceso «civilizador» por el que se persiguió y «disciplinó» a las mujeres europeas pobres durante la caza de brujas, y la «civilización» de los pueblos «bárbaros» de las colonias. Los dos grupos oprimidos fueron definidos como incontrolados, peligrosos, «naturaleza» salvaje, y ambos debían ser sometidos por la fuerza y la tortura para acabar con su resistencia frente al robo, la expropiación y la explotación (Mies, 2019: 178). Mientras las mujeres negras e indígenas se intentaron someter durante años para convertirlas en esposas y madres, las mujeres de la burguesía europea fueron domesticadas e ideológicamente manipuladas para que aceptaran el matrimonio y la maternidad como su vocación «natural» (Badinter, 1980, citada por Mies, 2019). Estas fueron relegadas por el sistema patriarcal, y particularmente por la modernidad, a ser fuerza de reproducción de mano de obra —vientres benditos—, en tanto que la naturaleza se tornó objeto de dominación para el crecimiento del capital (Gebara, 2000: 18).

Así, la colonización de nuevas tierras no consistió solamente en ocupar físicamente un determinado espacio para construir un núcleo urbano, normalmente en una ensenada natural o un río para favorecer el comercio, sino en someter miles de cuerpos indígenas y esclavos, muchos de ellos femeninos, así como extensas regiones para proporcionar los recursos necesarios para el sostenimiento de las colonias, pero sobre todo para el enriquecimiento de monarcas, comerciantes y banqueros del viejo mundo a partir del expolio de minerales y otras materias primas. Para la ocupación de las primeras tierras se recurrió a todo tipo de estrategias, desde la negociación o la «compra» de tierras a los pueblos indígenas, hasta la conquista por la fuerza. Uno de los autores que mejor retrató la crudeza del colonialismo fue sin duda Eduardo Galeano cuando afirmaba:

> «Europa necesitaba oro y plata. Los medios de pago de circulación se multiplicaban sin cesar y era preciso alimentar los movimientos del capitalismo a la hora del parto: los burgueses se apoderaban de las ciudades y fundaban bancos, producían e intercambiaban mercancías, conquistaban mercados nuevos. Oro, plata, azúcar: la economía colonial, más abastecedora que consumidora, se estructuró en función de las necesidades del mercado europeo, y a su servicio. Los recursos fluían para que los acumularan las naciones europeas emergentes» (Galeano, 2004: 47).

Al mismo tiempo, el cercamiento o *enclosures* de las tierras y bienes comunales descrito anteriormente avanzaba en la Inglaterra rural y comenzaba en el resto de Europa, lo que según autores como Shrubsole (2019, 285), contribuyó a desmantelar un cierto estado de bienestar medieval para el campesinado, y forzar la separación del campesinado de sus medios de producción, condición necesaria para el desarrollo del capitalismo (Perelman, 2000). En las colonias también se recurrió a diferentes formas de privatización y expropiación de tierras para beneficio del capitalismo europeo como las encomiendas españolas en América, lo que fue la base del gran genocidio indígena de las Américas y de múltiples crisis ecológicas como consecuencia de la expansión de la minería, la deforestación por explotación maderera y el avance del frente agrícola, dinámicas que continúan hoy en día. Para el historiador camerunés Mbembe (2023: 39), el modelo de plantación de las colonias americanas no es más que una adaptación del modelo europeo, donde el esclavo africano tenía el estatus de una propiedad privada. Por ello, según Galeano, las regiones más pobres en la actualidad son aquellas que en el pasado tuviero lazos más estrechos con la metrópoli, como fue el famoso caso de Potosí en Bolivia (Galeano, 2004: 51). Esta pobreza creciente tuvo su reflejo en el enriquecimiento desmesurado de unos pocos territorios y una élites comerciales y nobiliarias europeas. Muchos de los grandes latifundios que se crearon desde el siglo XVII en Inglaterra, fueron desarrollados por terratenientes enriquecidos con el comercio de caña de azúcar y de esclavos en las colonias británicas en América, con lo que el origen de la riqueza que dio lugar a estas grandes propiedades que acabaron con numerosos bosques y pastos comunales está íntimamente relacionado con la expansión del esclavismo (Hayes, 2020: 137).

De hecho, el azúcar del trópico latinoamericano cultivado por decenas de miles de esclavos africanos fue el gran impulso a la gran acumulación de capitales para el desarrollo industrial de Inglaterra, Francia y Estados Unidos, sobre todo de sus principales núcleos urbanos (Galeano, 2004: 106). Desde el siglo XVI hasta bien entrado el siglo XIX se estableció un comercio triangular entre Europa, África y América para alimentar las plantaciones caribeñas de azúcar y que sellaría la ruina económica y demográfica de África occidental durante siglos:

> «Mediante la violencia, pero también con la apropiación jurídica en el marco de un derecho emparentado con el derecho de guerra y de conquista, la trata atlántica se esforzó por racionalizar y estandarizar la relación con el cuerpo negro tomado como una mercancía o, más bien, como un recurso natural cuyo rendimiento era posible aumentar». (Mbembé, 2023: 39).

Esclavos africanos llevados a Sudamérica por los ingleses en el siglo XVIII. Juan Mauricio Rugendas (1802-1858).

Así, a comienzos del siglo XVIII, las tres cuartas partes del algodón que hilaba la industria textil inglesa provenían de las Antillas, aunque luego Georgia y Louisiana serían sus principales fuentes; a mediados del siglo, había ciento veinte refinerías de azúcar en Inglaterra (Galeano, 2014: 109). El desarrollo industrial británico primero y europeo después no solo se basó en la mano de obra esclava en las Américas. Otro tanto sucedió con la India:

> «Cuando los británicos colonizaron la India, primero colonizaron sus bosques. Ignorantes de su riqueza y del enorme conocimiento de los bosques de las comunidades rurales que durante siglos los habían gestionado, redujeron esta fuente de riqueza primaria a una mina de madera. La economía de subsistencia de las mujeres basada en el bosque se reemplazó por una economía extractivista al servicio del colonialismo británico» (Shiva, 1988: 61).

Los bosques fueron considerados como un obstáculo para el desarrollo agrícola que buscaban los colonizadores británicos. Empezó así una de las mayores catástrofes ecológicas de la historia de la India: la masiva deforestación de sus bosques tropicales para exportar madera para la construcción naval y para la extensión de pastos y tierras de cultivo. El poder colonial se institucionalizó en la India una vez se concluyó el dominio de la Compañía de las Indias Orientales y comenzó a otorgar la ciudadanía a los indios considerados «súbditos de su majestad». Como afirma Useche (2016), el problema no sería que Inglaterra estructurara su discurso de dominación colonial como un discurso de progreso y acceso a formas políticas liberales; sino que las élites indias ilustradas, que serían la base original del movimiento nacionalista, compartieran esa visión para hacer de la India un Estado liberal al estilo británico. Este fue un punto crucial en la continuación de las lógicas coloniales una vez alcanzada la independencia económica de las metrópolis. El colonialismo a partir del siglo XIX ya no es solamente dominación física e imposición forzada de valores y estilos de vida, sino que un sector de las nuevas élites otrora indígenas o criollas asumieron como su propio proyecto nacional las propias subjetividades del centro metropolitano. Así, el proyecto cultural del capitalismo que se impuso tanto sobre la naturaleza, como sobre territorios rurales no capitalistas y sobre los propios cuerpos femeninos se basó en tres puntales: el patriarcado capitalista, una visión mecanicista del mundo basada en teorías cartesianas y una cultura de la dominación y la violencia (Herrero, 2017: 19). Este proyecto sobrevivió indemne a los periodos revolucionarios iniciados desde la independencia de los Estados Unidos, hasta la descolonización de África, pasando por la propia independencia de la India en 1947, cuestión que comprendió muy bien el propio Ghandi cuando ya en 1908 afirmaba que si la India eliminase la civilización moderna saldría ganando (Ghandi, 2009).

El proyecto político de Ghandi se basó en la autonomía y el respeto a la cultura india. Defendía la recuperación de los ritmos propios de la vida artesanal y campesina de los indios, esforzándose por controvertir la jerarquía temporal marcada por la aceleración del mundo industrial (Useche, 2016), con una defensa de la aldea India, o como afirmaba él mismo: «si la aldea perece, la India perecerá también» (Ghandi, 1951: 22). El pensamiento decolonial ghandiano demostró ser mucho más radical que las corrientes socialistas de la época, ya que su crítica al industrialismo capitalista y su defensa de la aldea rural se basaba no solo en terminar con la explotación obrera, sino también en la explotación de los obreros hacia otros cuerpos y territorios (Ghandi, 1951:22). Con sus fuertes críticas al industrialismo británico, el famoso boicot comercial hacia productos textiles británicos, su defensa de la no violencia y la defensa del respeto a todas las confesiones religiosas logró un movimiento de base campesina masivo ante el cual no tuvo más remedio que ceder Inglaterra, y las propias élites nacionalistas indias.

No obstante esto no impidió ni mucho menos que la maquinaria industrial capitalista continuara en gran parte del planeta, consolidando un centro-periferia y una división internacional y sexual del trabajo en la que las áreas rurales y las colonias eran sin duda los territorios perdedores. Esta división internacional del trabajo fragmentó el proletariado global por medio de segmentaciones clasistas y sistemas disciplinarios (Federici, 2010: 288). Tras la Segunda Guerra Mundial y el boom económico de la posguerra mundial aun basado en la explotación colonial directa de África y la reconstrucción de los territorios europeos y en menor medida asiáticos más afectados por la guerra, el capitalismo inició una nueva fase de acumulación hacia la creación de un mercado cada vez más globalizado. Tras la recesión y crisis del petróleo, se consolidó una nueva fase en la división internacional del trabajo consistente en el traslado de sectores de la producción industrial intensiva de los países del norte hacia las economías del sur. No obstante esta industrialización parcial de los países del sur apenas benefició a sus economías, ya que tanto las propias empresas, como sus circuitos comerciales seguían controlados por grandes corporaciones de Estados Unidos, Alemania y Japón principalmente, todo un proceso de modernización selectiva. Esta división internacional del trabajo descansó en un nuevo salto tecnológico basado en los semiconductores y el microchip, así como en el trabajo femenino que constituía hasta el 80 % de la mano de obra (Mies, 2019: 216). Hubo por lo tanto más allá del ruido de los procesos descolonizadores, una transición tranquila desde economías industriales y coloniales a economías neocoloniales basadas cada vez más en los servicios y en la deslocalización industrial al sur. Como analiza el politólogo senegalés Saiba Bayo experto en relaciones económicas postcoloniales en África, la dependencia económica de países como Senegal respecto a su antigua metrópoli, una de las democracias liberales más consolidadas, es casi total en materias como la política monetaria y el franco CFA, puesto que su valor está vinculado al euro (Bayo, 2024). Como se verá en el capítulo siguiente, la consecuencia inmediata fue y sigue siendo la ruina de numerosos territorios sobre todo rurales donde aún sobrevivía la agricultura y la artesanía no plenamente capitalistas, la conversión de grandes extensiones territoriales únicamente en territorios de extractivismo y regiones agroexportadoras cediendo su soberanía alimentaria.

El neocolonialismo extractivista, depredador de la naturaleza y explotador de mano de obra en los países del sur prolongó el etnocidio del campesinado, de pueblos indígenas e incluso del potente movimiento obrero del norte industrial. Siguiendo con la lógica dualista referida anteriormente, el mundo se dividió entre áreas de producción y consumo, entre roles masculinos y femeninos, áreas de protección y de sacrificio ambiental, entre una serie de centros y una enorme periferia consolidando una economía mundial de archipiélagos de riqueza rodeados de un mar de miseria y pobreza creada tras el desmantelamiento de comunidades rurales, formas de producción no capitalistas y vidas interdependientes con la naturaleza que las rodeaba.

Este cierre modernizador consolidó un modo de vida urbano, artificial, motorizado, y consumista que bien representa Daniel con su modo de vida, como se vio en la introducción, al tiempo que deshacía las parcelas de autonomía material y simbólica, gracias a la consolidación de las tres grandes separaciones analizadas anteriormente y a la domesticación y subordinación violenta de la mujer al servicio del capital, tanto en el norte como en el sur global. La escritora nigeriana Chimamanda Ngozi Adichie explica en su obra *Todos deberíamos ser feministas* a través de su experiencia personal y de su análisis de la sociedad nigeriana, cómo el machismo y la opresión hacia las mujeres están arraigados en las estructuras sociales y culturales de Nigeria hasta el punto de que hace no tanto que una mujer negra entrase en un hotel solo se contemplaba como normal para quienes ejercen la prostitución (Ngozi, 2015), todo un ejemplo de construcción social de los roles de género que ha resultado y resulta fundamental para el disciplinamiento y funcionamiento de sociedades africanas que malviven principalmente de proporcionar recursos y mano de obra barata al norte global.

Así, una vez deshecha la comunidad y las formas de apoyo mutuo características de miles de sociedades indígenas, rurales, comunitarias y precapitalistas, se pasó a delegar en el Estado-Nación liberal y en el mercado la obtención de los bienes básicos que necesita cualquier ser humano —cobijo, alimento, cuidado, salud, educación, cultura, ocio—, transformados, bien en mercancías a las que únicamente se puede acceder a través del trabajo asalariado y del dinero, bien en servicios y asistencias suministrados por la maquinaria administrativa del Estado (Almazán, 2016: 158).

2. VIEJAS RURALIDADES Y LA IMPOSICIÓN DE UNA DOXA

Depredación y colonización material, cultural y simbólica de las viejas ruralidades

En los capítulos precedentes se ha analizado cómo se creó la acumulación primitiva que convirtió el capitalismo industrial en un sistema económico, político, social y cultural hegemónico primero en Europa y luego en el mundo con la trasnformación del viejo estado monárquico en modernos Estados-Nación imperiales. No obstante, en pleno siglo XX aún la mayoría de la humanidad vivía en el mundo rural, miles de pueblos indígenas aún no habían tenido contacto con el hombre blanco, la modernidad capitalista, a finales de siglo convertida en globalización neoliberal continuaba teniendo múltiples oponentes, desde posiciones feministas a movimientos indígenas, obreros y ecologistas tanto del norte como del sur del globo. Además de la represión y de la violencia, la domesticación de los cuerpos, sobre todo de mujeres, como de territorios rurales o no capitalistas requirió de todo un programa de ingeniería social para convertir la comunidad de subsistencia y autosuficiente y aún en pleno siglo XX ligada a la naturaleza circundante, esas viejas ruralidades comunitarias en una serie de individuos dependientes, alienados y consumistas como el ejemplo de Daniel que abre este libro.

En este capítulo se mostrará cómo la modernidad industrial triunfó definitivamente y se impuso como el gran proyecto cultural del siglo XX, tanto en países comunistas como capitalistas, en antiguas metrópolis como en excolonias. La vieja ruralidad heterogénea fue homegeneizada y destruida o sustituida por una nueva ruralidad completamente orientada al productivismo capitalista centrado en la agroindustria o la minería con el apoyo esencial de la política pública. La casa de los abuelos se cerró en miles de pueblos que ya no eran rentables dentro de las nuevas lógicas de mercado que impregnaban desde la propia política de vivienda, al ocio, el mundo del trabajo y su división sexual y por supuesto las actividades tradicionalmente ligadas al medio rural como era la ganadería, la silvicultura o la agricultura.

No obstante desde finales de siglo comenzaron a abrirse nuevos frentes para la acumulación capitalista pese a la profundización de las dinámicas desreguladoras del capitalismo, que irían mucho más allá de una crisis más de acumulación o una recesión económica más. La actual crisis climática, a la que se añaden múltiples crisis regionales, sanitarias, sociales y una clara crisis de los modelos de democracia liberal hace que en la actualidad ya no solo esté en entredicho la supervivencia de los pocos pueblos indígenas y sociedades rurales no plenamente capitalistas que quedan. El futuro es más que incierto también para toda la ruralidad construida a partir de su conversión forzosa en un engranaje más de la maquinaria capitalista global, y empieza a serlo para la propia supervivencia del ser humano como especie.

Decenas de miles de familias dejaron sus pueblos, aldeas o casas en el medio rural en las últimas décadas, para buscar un futuro más prometedor en medio mundo, pero especialmente en los países del sur. En el caso de Europa, países como Italia o Bulgaria han experimentado un enorme declive demográfico sobre todo como consecuencia del éxodo rural. Desde principios del siglo XX en algunas áreas de montaña, y de manera más generalizada desde finales de la década de los cincuenta hasta principios de la de los ochenta, millones de familias se desplazaron en varios países mediterráneos, especialmente España, hacia las grandes urbes en plena expansión industrial y de servicios con una enorme demanda de mano de obra en una época de posguerra de consolidación del capitalismo europeo conocida en países como Francia como «los treinta gloriosos», hasta la crisis del petróleo de 1973, rebautizada como los «treinta horrorosos» como mayor periodo de despilfarro de la historia (Servigne et al., 2002: 147). No fue un éxodo rural ordenado ni planificado. El pensador francés Bernard Charbonneau afirmaba que con el nuevo orden industrial y el éxodo rural creció el desorden humano con unas dinámicas de crecimiento urbano aceleradas en forma de «anarquitectura» que transformó muchas ruralidades cercanas a ciudades en caóticas periferias residenciales (Chastenet, 2023: 105).

La vieja ruralidad comenzó a desmoronarse sin embargo mucho antes, por lo menos desde principios del siglo XX. El ataque a los bienes comunales, el capitalismo y el dinero como nueva vara de medir absolutamente todo en la vida, la mercantilización de toda la producción que arrinconaría a las economías rurales de subsistencia, y todas las separaciones narradas en capítulos anteriores habían sembrado la semilla de la crisis total y sistémica de estas ruralidades tradicionales, de estas sociedades campesinas.

Robert Redfield fue un importante antropólogo que trabajó durante años en Yucatán y Guatemala estudiando comunidades rurales. Estudió lo que llamaba sociedades campesinas como un conjunto de sociedades rurales con rasgos comunes en todo el mundo condenadas a desaparecer con la modernidad (Deverre, 2009). A lo largo de sus años de estudio, este antropólogo concluyó que las sociedades campesinas estaban basadas en un sistema de valores que se basaban en el trabajo, un apego casi reverencial por la tierra, con una ontología más animista que naturalista (Servigne et al., 2023), y una actitud tenaz y de trabajo duro y continuado frente a cualquier otra actividad diferente que entrañase riesgos. Para Redfield, si un campesino maya, de la antigua Grecia o de la Inglaterra decimonónica fuese teletransportado a cualquier otra aldea o sociedad campesina y se le dotara de habilidades lingüísticas, se podría adaptar muy fácilmente a esta nueva aldea. Redfield fue muy criticado por su visión de las sociedades campesinas como una sociedad inevitablemente condenada a morir en su transición hacia la modernidad capitalista global (Deverre, 2009) obviando las múltiples resistencias que el mundo campesino e indígena desarrollaron durante años frente a los intentos de sus respectivos Estados-Nación, de integrarlos en la lógica estatal-capitalista. No obstante también fue de los primeros antrópologos en interesarse por todos los procesos de aculturación que estas sociedades estaban sufriendo para que abandonasen este sistema de valores tradicionales y comenzasen a defender otros valores bien distintos como la competitividad, la individualidad, la tecnología el consumismo y todo el resto de valores que forman parte de las sociedades de consumo.

No fue por lo tanto suficiente con privatizar los bienes comunales, domesticar y cosificar a las mujeres a la fuerza, arrasar territorios naturales e indígenas, aumentar espectacularmente la producción de azúcar o algodón con mano de obra esclava y destruir así miles de comunidades rurales a lo ancho y largo del mundo. Fue necesario todo un proceso más sutil de sustitución de valores, de convertir en natural lo que cualquier generación de cualquier sociedad campesina, indígena o rural de la historia habría calificado como aberrante: dejar el pueblo de los ancestros, los oficios, rituales, lazos familiares y sociabilidad del pueblo por un empleo en una fábrica. Dado que la producción de espacio no es solo física, sino también social y mental según Lefebvre (2013), hubo que construir una idea de ruralidad no solo al servicio de los intereses del Estado y del mercado, sino como un conjunto de territorios percibidos y vividos como inferiores al urbano.

Hubo por lo tanto que desposeer y depredar no solo la materialidad de las sociedades rurales, sino su propia cultura, simbolismos y subjetividades, lo cual supondría el germen real de la desafección para una parte de la sociedad rural, con el Estado moderno, incluso cuando se democratizó. Así se terminó tanto en Europa como paulatinamente en todo el mundo a medida que se «desarrollaba», con estas ruralidades viejas a nuestros ojos. Esta decadencia y desaparición de estas ruralidades, su cultura y sentido comunitario es común en obras relativamente recientes sobre las que se basa esta sección: el periodista Geert Mak y su biografía del pueblo frisón de Jorwert, el filósofo y sociólogo francés Jean-Pierre Le Goff y su historia del pueblo provenzal de Cadenet, el escritor suizo Blaise Hofmann y sus reflexiones sobre la crisis del campo suizo a través de su experiencia personal en Villars-sous-Yens, y el historiador Joaquim Escrig y el sociólogo Artur

Aparisi que en su obra de más de 800 páginas repasan la historia del pueblo valenciano de Xodos con una mirada crítica hacia la modernidad, pero alejada de la nostalgia de una supuesta sociedad rural idílica. De hecho, lejos de la imagen estereotipada y monólitica que se suele tener de estas sociedades rurales tradicionales que desaparecieron, o mejor dicho las desaparecieron con la irrupción de la modernidad capitalista, estas sociedades eran profundamente diversas y dinámicas, con sus conflictos, opresiones y violencias, también contra la mujer. Un caso paradigmático era el control social de la actividad sexual en la Castilla de los años 60:

> «La comunidad proscribe una actividad sexual libre y trata de controlarla a través del noviazgo. En primer lugar, impone el noviazgo como única vía para realizar alguna actividad sexual. En segundo lugar, trata de controlar la elección del novio. En tercer lugar, vela porque la actividad sexual prematrimonial se contenga dentro de ciertos límites, y prohibe el acto sexual» (Pérez Díaz, 1972: 91).

De esta manera la mujer en algunas comunidades apenas parecía tener voz a la hora de decidir su actividad sexual, e incluso su pareja, que era fruto de serias negociaciones entre los padres de ambas familias. Este modelo de control social tenía un importante carácter represivo, pero al mismo tiempo aseguraba que las nuevas familias dispusiesen de casa y tierras suficientes para asegurar la continuidad de la familia, de forma que muchas de estas comunidades resistieron durante siglos todo tipo de avatares históricos. Un primer relato común de estas y muchas otras sociedades rurales fue el paso de una comunidad con un alto grado de subsistencia económica a pequeñas sociedades de consumo crecientemente dependientes de las ciudades y de otros mercados (Mies y Bennholdt-Thomsen, 1998). Geert Mak (2010) ilustra perfectamente este declive y transformación a partir de la historia de la población frisona de Jorwert:

> «Jorwert, como todos los pueblos de los Países Bajos se transformó de una comunidad basada en el apoyo mutuo a una pequeña sociedad de consumo [...] Cada familia cultivaba sus propias verduras, criaba su propio ganado de carne, producía leche, queso, mantequilla, huevos y patatas formando una economía familiar dentro de la economía. Pocos eran los campesinos que iban a comprar a una tienda»

Esta economía local no solo se reducía a la producción de alimentos. Aún a principios del siglo XX e incluso hasta mediados en los países mediterráneos era relativamente normal que los propios campesinos construyesen, con ayuda de algún albañil profesional, sus propias casas y corrales. Así sucedió por ejemplo con todo el universo de masías y mases que poblaban las montañas de Xodos y de muchas otras áreas de montaña de la Corona de Aragón. Pero ya desde finales del siglo XIX la modernidad capitalista y sus profundas transformaciones sociales y políticas anteriormente descritas se fue infiltrando lentamente en estas sociedades rurales. Cada vez se veían más presionadas, ya fuera para pagar impuestos en forma de dinero, o a adquirir más bienes de consumo y herramientas, para generar capitales en la propia explotación. Ya se comenzó a dar el primer paso triunfante según la modernidad capitalista, y muy problemática desde muchos puntos de vista, del pueblo y la familia como unidad económica cuasi independiente donde la productividad y la producción no son el objetivo fundamental, a su conversión en explotación moderna intensiva. El medio rural comienza a asumir un papel fundamental en los nuevos mercados nacionales de suministrador de todo tipo de materias primas. Escrig y Aparici (2022) analizan este paso fundamental a partir de los años 40, cuando muchas familias de Xodos comienzan a realizar todo tipo de trabajos para poder obtener un salario: desde la propia ganadería porcina que pasará de ser actividad comunitaria y de subsistencia a negocio de venta, hasta la recogida de lavanda para producir aceites esenciales en modernas industrias.

El cambio fundametal consistió no solo en colonizar el medio rural con todo tipo de actividades industriales al servicio de las pujantes ciudades, desde grandes embalses para la generación de energía, minas de carbón, plantaciones forestales, azucareras, harineras o canteras, sino en colonizar las mentes de estas sociedades rurales y convertirlas en individuos, como se explicó anteriormente. Cadenet en la Provenza es un pueblo justamente que vive esta profunda transformación cultural, con una progresiva disolución de los vínculos colectivos y un aumento de los comportamientos individuales (Le Goff, 2012) que este autor sobre todo analiza a partir de un fenómeno de individualización de las relaciones sociales:

> «La desaparición de la artesanía y la agricultura locales en la segunda mitad del siglo XX obligó a los residentes a trabajar a distancia, convirtiendo Cadenet en un "pueblo dormitorio" al que la gente vuelve entre viaje y viaje» (Le Goff, 2012).

Algo desapareció en este mismo periodo en Jorwert que había sido un componente esencial de la vida rural durante siglos: una economía local y autosuficiente dentro de una economía regional. Las fronteras entre las dos se difuminaron, más y más sectores desaparecieron y al final la economía local desapareció como si nunca hubiera existido (Mak, 2010).

Sociedad de consumo, medios de comunicación y la construcción del deseo

No obstante la batalla definitiva se dio en el campo del deseo. La sociedad de consumo poco a poco fue abriéndose paso en los hogares y tanto Le Goff (2012), como Mak (2010), coinciden en un momento preciso en el que esta tendencia viene para quedarse: con la aparición del televisor. Esto supuso por un lado tener en cada casa una herramienta de adoctrinamiento sobre la sociedad capitalista y de consumo, y por otro lado en un cambio radical en la sociabilidad, que se redujo drásticamente. Los bares de los pueblos se vaciaron y el tiempo consumido a solas o en familia frente al televisor no dejó de aumentar. Cabe recordar que antes de la popularización de este invento, un campesino holandés, italiano o alemán apenas tenía contacto con el mundo de la publicidad más allá de leer algún diario y ver algún anuncio en sus visitas a la ciudad. La llegada del televisor suponía multiplicar eso que se le da tan bien al capitalismo como fue crear todo tipo de necesidades, tanto para el hogar como para la vestimenta o la actividad agraria. Antes de que se impusieran las modas de vestir a todas las clases sociales, acentuando la desigualdad social ya existente, en cualquier familia de campesinos, cada persona disponía de su vestimenta de trabajo con mil remiendos, el traje de los domingos y de los días de fiesta, y una o dos piezas de ropa auxiliares. Era impensable que una persona pudiera llegar a disponer de una docena de pares de zapatos, pantalones, chaquetas o calcetines.

Si en países como España esto no fue tan evidente es debido a que el televisor aún tardó unos años en popularizarse. De hecho en 1966 tan solo el 8 % de la población rural tenía acceso a un televisor, peró tan solo tres años después, en 1969 ya estaba en el 34 % de los hogares (Pérez Díaz, 1972). En muchos pueblos se crearon «teleclubs» con un solo televisor para todos los vecinos, que servía como excusa para todo tipo de fiestas o reuniones sociales, aunque con un férreo control social que da cuenta de lo asfixiante que podia ser la vida en muchos pueblos:

> «La única televisión (del pueblo) exige un comportamiento distinto: los individuos independientemente de la familia a la que pertenecen han de reunirse en un local (la escuela de niñas). Han de someterse al control del maestro, el que censura los programas, prohíbe la permanencia en el local a los ninos para ciertos espacios y prescribe la separación de los jóvenes de distinto sexo» (Pérez Díaz, 1972: 125).

Aun así poco a poco la nueva sociedad de consumo mucho más materialista también llegó de la mano de la televisión y de la radio, hasta los rincones más remotos de las áreas rurales. No solo la llegada de la televisión fue fundamental para el gran cambio cultural que aconteció en las sociedades rurales. La universalización de la educación infantil y primaria fue también determinante para que el relato de las luces de la ciudad frente a las sombras y el atraso cultural del campo se convirtiese en dominante. En España se creó con el sistema educativo, y muy especialmente con el cine la idea del «paleto de pueblo» y del supuesto ignorante campesino frente al individuo urbano moderno, sofisticado y viajado. Todo su bagaje cultural, de oficios artesanos e incluso lingüístico fue olvidado. Además de las múltiples películas con actores como Paco Martínez Soria como protagonista, había multitud de programas de radio como por ejemplo el programa «España agrícola» de los años sesenta:

> «En él aparece un presunto campesino-tipo (Juanón) que trata de expresar el punto de vista de las gentes del campo, imitando al tiempo su modo de hablar. A juzgar por algunos testimonios, se encuentran menos expresadas que ridiculizadas: es demasiado paleto, nos decían» (Pérez Díaz, 1972: 126).

Los medios de comunicación modernos como la radio o la televisión tuvieron, entre sus muchos roles, uno también de aculturación y en algunos casos de ridiculización de la vida rural. Con sus programas y su popularización en todos los hogares cambió algo más que la imagen del mundo rural. De nuevo, volviendo al caso de Jorwert:

> «Los cuentacuentos, o la tradición de compartir historias orales del pueblo desaparecieron de Jorwert. Y con ellas también uno de los medios principales el pueblo podía transmitir sus historias, independientes de los libros, la televisión y otros medios de comunicación urbanos. El pueblo no solo perdió su corazón, sino que con el tiempo terminó perdiendo su memoria» (Mak, 2010: 239).

Esto fue decisivo para el proceso de aculturación de muchas sociedades rurales: la pérdida de su memoria colectiva e incluso de su propia historia, siempre transmitida de padres a hijos oralmente. Cualquier pueblo tenía una serie de leyendas, mitos e historias de amor, muerte y misterio que hacía de sus bosques, peñas o casas un lugar casi mágico. La pérdida de todos estos relatos y mitos, y de la propia costumbre de transmitirlos oralmente en la lumbre de la chimenea supuso una transformación radical en el imaginario colectivo. Ahora una casa era una casa, un bosque otrora encantado un bosque cualquiera y un río un curso de agua. Con esta desposesión de mitos y leyendas, de un relato simbólico e identificativo todos estos espacios sin memoria podían ser mucho más fácilmente abandonados, explotados, apropiados o destruidos, de ahí la idea lefebvriana de un medio rural en crisis y desposeído como una producción de un nuevo espacio.

El otro paso fundamental para que la batalla del deseo se decantase en favor de la nueva modernidad capitalista y se impusiese la gran aculturación de la sociedades rurales fue el papel desempeñado por los propios inmigrantes a la ciudad. Entre 1918 y 1920 los sociólogos polacoestadounidenses William Thomas y Florian Znaniecki analizaron cientos de cartas enviadas por campesinos polacos emigrados a Estados Unidos y constataron dos cambios fundamentales de actitud. El primero fue un aumento del individualismo. Cuando muchas decisiones de migrar habían sido tomadas colectivamente, e incluso la familia sufragaba colectivamente los gastos del viaje y de la instalación, muchos inmigrantes con el tiempo terminaban rompiendo lazos con su familia, y en el caso de las mujeres sobre todo a partir del matrimonio en la ciudad. El otro gran cambio fue que los inmigrantes manifestaban un creciente hedonismo y la idea de que gastarse dinero en uno mismo es interesante, todo lo contrario de lo que dictaba la moral de cualquier comunidad rural que solía ser económicamente frugal (Thomas y Znaniecki, 1958).

Así el papel de la migración no solo fue fundamental para cuestionar y abandonar la cultura rural comunitaria de la que provenían y abrazar la modernidad capitalista, sino también para inculcar los nuevos valores basados en el trabajo asalariado, la individualidad y el materialismo en el resto de vecinos. La migración fue decisiva para la construcción de una mentalidad urbanocéntrica con un claro discurso de autoodio hacia su cultura rural de procedencia, frente a las luces y progreso de la ciudad en forma de trabajo asalariado primero, y posesión de bienes después, como coche, ropa o electrodomésticos. En aldeas como Mas Blanco en Teruel, decenas de familias emigraron en masa hacia Barcelona en los años sesenta. Algunas de ellas volvían en pleno verano a la aldea, justo durante las semanas de más trabajo en la época de la siega. Mientras el resto de vecinos estaba trabajando de sol a sol segando, trillando y aventando el grano, algunas de estas personas se sentaban en una tumbona diciendo que venían de vacaciones. Venían en coche a un pueblo en el que no había más coche que el taxi del pueblo, y luciendo además trajes y joyas. Muchos jóvenes de la época se animaron a migrar por la envidia y el deseo de acceder a todos estos bienes de consumo. Es lo que se denomina la teoría de la privación relativa en algunos estudios sobre migraciones (Stark y Yitzhaki, 1988). Muchos años después estos mismos migrantes reconocieron lo duro que fue migrar. Dejaron su casa de campo y su red de apoyo familiar por una vida en soledad en un piso de 50 metros cuadrados y un trabajo precario y mal remunerado en muchos casos. Algunos de ellos confiesan que estuvieron meses enteros llorando por el enorme shock cultural que suponía la nueva vida urbana. Otros confesaron además que tanto el coche que exhibían en sus visitas a Mas Blanco, como las joyas que lucían eran préstamos. Aún tardarían muchos años en poder conseguir una posición mínimamente acomodada o en reconocer que la migración fue un trauma y un billete de solo ida, pero para entonces, ya todo el mundo rural en España prácticamente estaba dispuesto a migrar. La cuestión era solo el cuándo. Se convirtieron así miles de pueblos en reservas demográficas. El itinerario biográfico de cada familia ya estaba prefijado y pasaba para casi todos sus miembros por ir a estudiar fuera y quedarse en la ciudad.

Hoy en día este esquema se repite en mayor o menor medida en todas las sociedades rurales del mundo. La película *Lunana, un yak en la escuela* muestra la ruralidad de uno de los países más herméticos del mundo como es Bhután, en pleno Himalaya. El argumento de esta película es la de un joven urbanita maestro de escuela que es enviado a la remota aldea de Lunana a varios días caminando en mula, como castigo por su mal desempeño profesional. La pobreza de la aldea contrasta con el propio maestro que desde el primer momento desea abandonarla y cumplir su sueño (de migrante), como músico en Australia. En esta película, como en muchas más, se muestra el enorme contraste entre unas ruralidades remotas, pobres, sin adelantos tecnológicos básicos como agua corriente o electricidad en las casas, frente a la modernidad de la ciudad de la que procede el protagonista.

En la otra punta del mundo, grandes ciudades como Lagos en Nigeria ven como cada año llegan más y más familias del mundo rural huyendo de conflictos étnicos, pobreza, despojo de tierras y de los efectos del cambio climático y atraídos por el boom petrolero en la costa (Ibiloye, 2010). En muchas regiones, la crisis de la ruralidad tradicional no solo tiene que ver con la imposición de la sociedad de consumo capitalista a través de la televisión o del sistema educativo. Paraguay, uno de los países más pobres de Latinoamérica y aún con una importante población rural, aprobó por ejemplo en 2021 la Ley Fidel Zavala con el apoyo de los dos principales partidos políticos del país que responden a los intereses de los latifundistas. Esta ley permite el desalojo exprés de poblaciones indígenas que llevaban décadas viviendo en terrenos reclamados por los propios latifundistas, pero de dudosa titularidad (Presentes, 2021). La política de reforma agraria llevada a cabo por ese país distribuyó enormes extensiones de tierra a jueces, fiscales y empresarios donde había comunidades indígenas asentadas. Esto provocó un enorme éxodo rural hacia la capital, y por otro lado que Paraguay sea uno de los países más desiguales del mundo con un 85 % de la tierra en manos del 2 % de la población (Presentes, 2021).

Muchas ruralidades indígenas, mestizas o criollas a lo largo y ancho sobre todo de los países pobres no desaparecen por lo tanto por los cantos de sirena de la ciudad, sino por la opresión del Estado y la avaricia de latifundistas, empresas madereras o compañías mineras. No son situaciones anecdóticas. El Atlas Global de Justicia Ambiental ha recogido un total de 486 conflictos ambientales por acciones de deforestación en el mundo, 125 por proyectos de canteras y minas, 221 por proyectos de plantaciones forestales sobre todo para la industria papelera desplazando a poblaciones y bosque nativo y casi un millar por acaparamiento de tierras, una enorme cantidad de conflictos ambientales que además no deja de aumentar año a año (EjAtlas, 2024). Por estas razones, incluso cuando se anuncian en estos países reformas democráticas o transformaciones sociales de la mano de gobiernos progresistas sobre todo en Latinoamérica, la respuesta en muchas áreas rurales se sitúa entre la indiferencia y el desinterés con respecto al Estado, sobre todo particularmente mediante la abstención en convocatorias electorales. Guillermo Lizama (2012) habla para el caso mexicano de una «geografía electoral del abstencionismo» de forma que el abstencionismo es alto y creciente en el tiempo en espacios geográficos rurales, con una base económica agraria, altos niveles de pobreza y en poblaciones pequeñas que en menos posibilidades de integrar sus demandas en el sistema político (Lizama, 2012: 43), sistema político que como se ha analizado, no se ha caracterizado por tratar especialmente bien a estas áreas rurales.

En síntesis, el mensaje desde las élites económicas cada vez más ricas y con más poder que controlan el mundo con respecto a las ruralidades diversas parece cada día más claro: cabe adaptar estas a la ruralidad global y diversa como dispositivo al servicio de la reproducción y acumulación del capital mediante proyectos extractivistas y con enormes impactos ambientales y sociales, obligando en muchos casos a abandonar estos espacios, o bien desaparecer como sociedades rurales, situación muy común sobre todo en el norte global. En todo caso, una vez desarmadas y en gran parte destruidas las sociedades rurales de subsistencia, solo habría futuro mediante el extractivismo de alimentos y recursos naturales, y en algunos territorios mediante el monocultuivo de un turismo de masas y residencial, como se verá en los siguientes capítulos.

3. RURALIDADES CAPITALISTAS EN EL SIGLO XXI

Ruralidades agropecuarias

> *Se impulsó la transformación de toda la actividad agrícola hacia el monocultivo, la producción en masa, los fertilizantes químicos y los pesticidas; la introducción de grandes máquinas, ya que esto, de nuevo, impulsaba la industria. Todo esto se basaba en el petróleo. Se suponía que los agricultores debían producir leche, mantequilla, carne, huevos, etc. en masa, y por eso ahora tenemos estas enormes agroindustrias por todas partes. Luego recibieron subsidios para producir un excedente, que posteriormente se despilfarró en el Tercer Mundo, como todos sabemos.* Mies y Bennholdt-Thomsen (1998).

A lo largo de las últimas décadas el medio rural en cada vez más territorios se ha visto forzado a entrar en la modernidad capitalista ya sea como ruralidad productivista, o como territorio de reserva para morir lentamente, como por ejemplo ocurrió con multitud de pueblos de la España rural. La principal forma de entrar ha sido y es convertir estos territorios en reservas de recursos naturales y alimentos lo más baratos posibles para las ciudades y los mercados. En otros casos estos territorios se han consagrado, como se comentó en la sección anterior, como reservas demográficas para el éxodo rural. Este papel no solo lo siguen cumpliendo muchas zonas rurales de países ricos, sino sobre todo extensas regiones del sur global. Quizás por su inestabilidad política, los impactos del cambio climático y la falta de oportunidades de desarrollo, e incluso de supervivencia, el Sahel es una de las regiones geopolíticamente más inestables del mundo (Marshall, 2021), y al mismo tiempo uno de los principales focos de emigración, sobre todo de áreas rurales y principalmente hacia las costas del Mediterráneo. Otros papeles subsidiarios son el de parque temático para urbanitas estresados y turismo de masas, sobre todos muchas áreas de interés natural del norte global, y áreas de sumidero de residuos (Del Romero, 2018).

El problema del capitalismo no es solo que haya sometido territorios, pueblos y a la mitad de la población, la población femenina en un modelo social heteropatriarcal. El problema estructural del capitalismo es que depende esencialmente del crecimiento. Este es su objetivo fundamental. Como afirma Gorz:

> «La existencia de necesidades vitales esencialmente insatisfechas suministraba una base natural y una finalidad humana al modo de producción capitalista. La mayor parte de la demanda solvente recaía de hecho en los productos necesarios para la reproducción de la vida [...] Esta base natural [...] podía hacer creer, en cierta medida, que la economía estaba al servicio del consumo y tenía racionalidad humana como ciencia de la utilización de los recursos escasos. De hecho, el fundamento

> natural de la demanda ocultaba la finalidad interna de la producción capitalista, que es la acumulación de un excedente como exigencia específica y finalidad en sí del sistema» (Gorz, 1967: 85).

Si la economía no crece y acumula capital entra en recesión: las deudas se acumulan y la gente se queda sin casa ni trabajo (Hickel, 2023: 38). Los gobiernos y las empresas se emplean a fondo para mantener la actividad económica en permanente crecimiento, reforzando el vínculo entre Estado y economía liberal. Para ello es fundamental extraer y acumular un beneficio cada vez mayor sin una meta clara a la que llegar. El PIB mundial tiene que seguir creciendo al menos un 2 o un 3 % anual para que las empresas mantengan unos beneficios totales crecientes (Hickel, 2023: 35). El medio rural es en el mejor de los casos la periferia económica en los países ricos, y la periferia de la periferia en los países pobres. En ambos casos este imperativo se traduce en una necesidad continua de aumentar la producción y disminuir los costes.

La principal vía para incrementar la producción fue aumentar la inversión en tecnologías y mecanización de cultivos, convirtiendo el amplio universo de actividades agropecuarias tradicionales, en un catálogo muy limitado de cultivos y ganadería producidos industrial y masivamente. Así, los países del centro y norte de la Europa capitalista, al igual que varios países satélites de la órbita soviética se especializaron hace ya casi un siglo en la producción industrial de alimentos gracias a la revolución verde, mientras que los países del sur de Europa asumieron el rol de reserva demográfica para los países del norte y las grandes aglomeraciones urbanas. La industrialización de la agricultura trajo consigo la mecanización de la producción y la liberación de una serie de tareas penosas como el segado a mano, el trillado o la molturación artesanal de granos, pero también supuso el comienzo de una peligrosa senda hacia la especialización productiva, la competencia feroz entre mercados, la automatización de faenas y sus consecuencias en el empleo y el endeudamiento sistemático del campesinado, que aceleró el cierre de miles de explotaciones agropecuarias. Ya en los años 60 André Gorz fue uno de tantos críticos de la extensión del Mercado Común europeo al que acusaba de estar más que resolviendo, eliminando el problema agrario. Los fundamentos de esta política agraria desde 1957 fue la mecanización y racionalización de los métodos de explotación, la concentración capitalista y la integración vertical de la agricultura, lo que provocó un espectacular éxodo rural de entre un 25 y un 30 % de la población rural en solo diez años en Italia y Francia (Gorz, 1967: 188).

Una de las consecuencias además menos estudiadas de la mecanización fue el proceso de segregación social y diferenciación que comenzó en el seno de comunidades otrora mucho más homogéneas. La mecanización fue una fuente indiscutible de aumento de las desigualdades sociales en el medio rural:

> «las máquinas agrícolas, al tiempo que quitan trabajo, proporcionan a sus poseedores, con relación a los demás, una serie apreciable de ventajas: no solo reducen sus costes, sino que también son susceptibles de ser alquiladas a aquellos agricultores a precios que suben al ritmo que lo hacen los salarios agrícolas que las sustituyen. La máquina es al tiempo signo y factor de diferenciación. Su posesión no solo proporciona la realidad immediata de una distancia, sino también la posibilidad de aumentarla progresivamente» (Pérez Díaz, 1972: 137).

A este estado de las cosas habría que añadir la famosa gran aceleración que vivió la humanidad a partir de los años 50 del siglo XX. La maquinaria de guerra fue un catalizador de actividad industrial durante las dos guerras mundiales, pero una vez estos acontecimientos bélicos finalizaron, se pasó de una economía de guerra a una economía de servicios concentrada en las grandes ciudades, que primero se centró en la reconstrucción postbélica, y luego en la creación de una sociedad de consumo de todo tipo de bienes manufacturados y siguiendo el imperativo crecentista del capitalismo, con un continuo aumento de la productividad agraria en el medio rural, sobre todo gracias a la revolución verde, pese a que Europa empezó a tener cada vez más problemas de excedentes de todo tipo de alimentos, especialmente productos lácteos.

La gran aceleración se vivió especialmente en estas ruralidades productivistas. Había (y hay) que producir cada vez más al menor coste posible. Si una familia holandesa en los años 50 podía vivir con 300 gallinas, en los años 80 tenían 30.000 para poder subsistir. Si en los 60 una vaca frisona producía de media 3500 litros de leche al año, con las mejoras en su genética, en la alimentación y su estabulación, a partir de los años 90 la media podía llegar a superar los 10.000 litros por año (Mak, 2010: 81). En la otra punta del mundo, los chacareros o productores familiares tradicionales pampeanos se transformaron en familias modernas rurales, de residencia urbana, abierta a la innovación tecnológica, eficaz en el circuito financiero y en la competencia por la continuidad en la producción, con una creciente intensificación en forma de monocultivos de soja y maíz y granjas intensivas porcinas con un aumento muy relevante de los impactos ambientales (Propersi y Albanesi, 2024: 132-133).

Hay miles de ejemplos a lo largo y ancho del mundo que muestran cómo el sector agropecuario está continuamente atrapado en una espiral de crecimiento y endeudamiento. Una sola generación de agricultores de cereales a lo largo de su vida profesional se ha tenido que enfrentar a un endeudamiento para comprar maquinaria agrícola cada vez más sofisticada, y para pagarla era necesario aumentar la superficie cultivada, introducir variedades de cereal más productivo genéticamente modificadas, y de paso aumentar su dependencia respecto a las grandes empresas suministradoras de semillas, aumentar aún más la superficie cultivada para poder soportar el alza de los carburantes, y últimamente introducir drones y cámaras para una optimización de los tratamientos a efectuar en los cultivos, y todo esto sin dejar de aumentar la producción ni reducir la deuda de la explotación. Como afirma el antropólogo asturiano Adolfo García: «cada tecnología engendra nuevas tecnologías que a su vez crearán nuevas necesidades conformando un ciclo infinito que nos aboca al abismo de las máquinas y a la deshumanización mediante la adopción de valores como la eficiencia y la eficacia. El no tener una máquina hace al padre anticuado a los ojos del hijo, al marido ruin para su esposa, hace que un vecino parezca pobre ante otro» (Berger, 2008, citado por García, 2017).

Por otro lado, las vías para reducir costes consistieron por un lado en reducir la mano de obra campesina y por otro en concentrar la producción. La concentración de la producción ha sido una constante en todos los sectores productivos, especialmente los ligados al campo y desde hace por lo menos un siglo, que ha conducido siempre irremediablemente al abandono de más y más territorios rurales. Un ejemplo paradigmático fue la molinería. En una provincia rural como Teruel había a principios del siglo XX aproximadamente 175 molinos hidráulicos harineros en funcionamiento (Del Romero et al., 2021). Raro era el municipio que no tuviese su propio molino harinero. Después de la guerra civil española se creó el Servicio Nacional del Trigo y la producción de cereales pasó ser completamente organizada por el nuevo Estado dictatorial. Se obligó a campesinos y molineros a entregar todo el trigo en fábricas de harinas y se establecieron cuotas de producción para organizar el reparto de cereales también controlada por el Estado mediante cartillas de racionamiento. Se castigaba con penas severas que iban desde el precinto del molino durante un tiempo determinado hasta el arresto y cierre total del molino a todo molinero o agricultor que se atreviese a molturar granos propios no controlados por el Estado. Esto supuso la ruina de muchos molinos. En 1963 en toda la provincia la mayoría de la producción de harina de trigo se concentraba en 25 fábricas de harinas (Del Romero et al., 2021). 60 años después, pese a que el cultivo de cereales sigue existiendo en esta provincia, tan solo queda una pequeña fábrica de harinas abierta. Las últimas tuvieron que cerrar a principios del siglo XXI por el endurecimiento de las normativas europeas en cuanto a fabricación de harinas, lo que requería de grandes inversiones económicas en nueva maquinaria y tecnología. Hoy en día Teruel ha de importar prácticamente toda la harina que consume desde lejanos polígonos industriales donde se localizan las grandes harineras. La concentración de la producción de alimentos, minerales, azúcar, productos textiles y muchas otras manufacturas aumenta cada día, y a medida que muchas instalaciones industriales se quedan atrás en esta frenética carrera por el crecimiento y la rentabilidad económica, aumentan los paisajes desolados con minas, explotaciones agrícolas, molinos, fábricas textiles o salinas abandonados. Estas ruralidades productivas pasan de la noche al día a ser viejas ruralidades igual de vacías que las que sustituyeron, convirtiéndose en «nuevas viejas» ruralidades.

Por otro lado la reducción de la mano de obra se hizo, y se sigue persiguiendo continuamente a partir de la tecnificación de la agroindustria. Mientras en las áreas rurales o cultivos con escasa mecanización se consigue sustituyendo todo tipo de maquinaria agrícola, en los países ricos la presión se ejerce sobre los salarios y sobre el propio producto. Bien conocido es en Europa el caso del «Mar de Plástico» de Almería, una de las comarcas agrícolas con mayor producción de tomates y pimientos de toda Europa, pero también con todo tipo de conflictos laborales por el empleo de una mano de obra emigrante en condiciones laborales y habitacionales extremadamente precarias.

Cultivos bajo plástico en el Campo de Dalías de Almería. Fotografía de Google Earth.

Para evitar estos problemas y sobre todo históricamente las protestas e insurrecciones de jornaleros en todo el mundo por su explotación, el capitalismo tecno optimista propio del siglo XXI sigue prometiendo continuados aumentos de la productividad y del beneficio agrícola, en este caso con el salto tecnológico de la inteligencia artificial y de sus múltiples aplicaciones como robots inteligentes capaces de fumigar, podar y cosechar. No obstante no todas las ruralidades agropecuarias, incluso las mejor insertadas en los circuitos globales de la producción y distribución de alimentos como las europeas parecen estar plenamente satisfechas con su situación ni optimistas respecto al futuro.

De entrada hoy en día en prácticamente todos lo países de la Unión Europea, es tal la inversión inicial necesaria, que es prácticamente inviable para un joven ganadero o agricultor montar una nueva explotación por la ingente necesidad de maquinaria agrícola, herramientas y equipamientos, así como de burocracia para cumplir con los estrictos protocolos en materia medioambietal y sanitaria impuestos por la Unión Europea. La Política Agrícola Europea, principal herramienta de intervención de la Unión en los mercados, está crecientemente cuestionada sobre todo por pequeños agricultores desde hace años. Esta política que teóricamente se diseñó para proteger a la agricultura y ganadería europea, en la práctica ha servido para fortalecer a los grandes productores y distribuidores de alimentos y ha tenido cuanto menos efectos desiguales en pequeños y medianos productores (Baraja et al, 2021). De nuevo volviendo al caso holandés, uno de los países con los medios rurales más productivos y rentables del continente, se calcula que solo entre 1990 y 1995 el 20 % de los pequeños ganaderos lácteos cerraron sus explotaciones (Mak, 2010: 85). Esta tónica se ha seguido produciendo en las últimas décadas en todos los países europeos y este mismo país, Holanda, sorprendió en 2023 con una victoria histórica en los comicios provinciales del partido «Movimiento campesino-ciudadano» como partido de la protesta agrícola en el país frente a las políticas del Gobierno central de disminuir drásticamente las emisiones de nitrógeno con un plan de expropiaciones para cerrar granjas (Navarro, 2023).

El agricultor/a o ganadero/a se encuentra en una disyuntiva imposible que es la presión por aumentar continuamente la producción a costa de endeudarse continuamente introduciendo nuevas tecnologías, comprando más ganado, semillas e insumos, y al mismo tiempo reducir los costes de producción pagando menos salarios, autoexplotándose más y además teniendo que realizar todo tipo de gestiones administrativas para poder cobrar las ayudas. El resultado de todo esto es por un lado, un aumento del abandono de explotaciones, y por otro problemas de estrés y de salud mental para muchos propietarios de explotaciones, llevando incluso al suicidio (Marbán, 2022).

Por esta razón son recurrentes las protestas de agricultores y ganaderos de toda la Unión Europea desde hace veinte años. Fueron famosas por ejemplo las protestas de los *gillets jaunes* en Francia en 2019, reclamando precisamente una bajada de los precios de los hidrocarburos esenciales para mantener la rentabilidad de las explotaciones francesas. El geógrafo francés Christophe Guilluy elaboró la teoría de la «Francia periférica» según la cual desde hace años ha emergido una nueva geografía social con dos Francias claramente opuestas: una Francia periférica y rural frágil y popular frente a una Francia de las metrópolis integrada en la economía mundial (Guilluy, 2014). Esta Francia popular y periférica es la que lleva años mostrando un creciente desencanto primero, y desafección y resentimiento después frente a la república, y un feudo cada vez más consolidado de votos hacia opciones de ultraderecha.

Pese a las advertencias de este autor, y de muchos más sobre el creciente abandono de las áreas rurales sobre todo agrícolas, en la tercera década del siglo XXI el malestar de las sociedades rurales siguió creciendo. Nuevas movilizaciones se desarrollaron entre 2023 y 2024 y colapsaron varias capitales europeas incluyendo Bruselas. El alza de los combustibles, la venta de sus productos por precios ínfimos comparados con los precios de venta en supermercados, las exigencias de mayores controles ambientales y al mismo tiempo de aumentar la productividad y el aumento de la burocracia son razones recurrentes, detrás de las cuales está el gran dilema de la agricultura europea: producir más, pero intentar contaminar menos para unos mercados cada vez más monopolizados por unas pocas multinacionales. Este malestar se tradujo en las elecciones legislativas francesas de 2024 donde ganó en primera vuelta el partido ultraderechista «Agrupación Nacional», destacando sobre todo en departamentos de base económica agrícola.

En definitiva, estos espacios agrícolas y ganaderos cada vez se encuentran en una situación más difícil por las propias contradicciones del capitalismo y los malabarismos de la política intentando cuadrar el círculo imposible del crecimiento verde. Son ruralidades productivas que se pueden calificar de viejas en tanto en cuanto cada vez responden menos a su cometido inicial que era el de suministrar alimentos de calidad y mantener vivo el medio rural. Cada vez menos jóvenes se aventuran a ser agricultores en intensivo teniendo en cuenta las condiciones actuales del mercado, y cada vez más el cambio climático hace más imprevisible la producción. Siguen suministrando alimentos baratos para grandes poblaciones, pero cada día con mayores dificultades. Estas ruralidades imposibles siguen ocupando una parte importante de la superficie agraria, en muchos países se han especializado en monocultivos industriales como la soja en Argentina, el aceite de palma en Indonesia o el algodón en China o India, pero su impacto ambiental y social para afrontar retos como el hambre es netamente negativo. Estas ruralidades agropecuarias no son solo inviables por la imposibilidad de resolver el dilema entre costes unitarios decrecientes frente a mayor producción cada vez más verde y ecológica. Fruto de las deudas, de la frustración de llevar una vida totalmente entregada al trabajo en el campo para obtener un salario más que exiguo, y de la falta de apoyo institucional y a veces social, no son pocos los agricultores que terminan suicidándose. De media uno cada día en Francia, y según algunas fuentes hasta dos al día (Thevenin, 2024), mientras que en otros países como Suiza existe una verdadera preocupación por este problema (Hofmann, 2023).

De igual modo algunos medios rurales europeos se han especializado en la cría y engorde de cerdos o pollos en macrogranjas de manera intensiva. Se entiende por macrogranjas instalaciones industriales para la cría y engorde con al menos 2000 plazas para cerdos, una estabulación masiva de vacuno o 40.000 plazas para aves de corral y que generan una contaminación de más de 100 toneladas de metano al año (Greenpeace, 2021). España es uno de los países donde más ha aumentado en las últimas décadas este tipo de instalaciones de ganadería intensiva. Esta actividad genera enormes impactos ambientales por la emisión de metano a la atmósfera, y al mismo tiempo contamina acuíferos por la emisión de nitratos. Solo en cuatro años, de 2016 a 2019 en pleno boom de las macrogranjas en España, la contaminación por nitratos aumentó un 51,5 %, sobre todo en los territorios con mayor censo ganadero (Greenpeace, 2021). A esto hay que añadir el ingente impacto sobre el agua, además de su contaminación, por su consumo directo en territorios mediterráneos que llevan encadenando varios años seguidos de sequías. La simple aplicación de la lógica crecentista de la ganadería intensiva al sector de las macrogranjas en un contexto de cambio climático supone una peligrosa contradicción para el medio ambiente y el bienestar social y animal.

En territorios como Catalunya el número de macrogranjas no ha parado de aumentar desde los años 90, en paralelo al cierre de explotaciones agrícolas y ganaderas de pequeña y media escala (Duch y Soler, 2015). Comarcas rurales enteras se han especializado en los últimos años en este tipo de instalaciones. La provincia de Lleida contaba con una población de apenas 440.000 habitantes en 2022, pero ese mismo año tenía un censo porcino de más de 4,6 millones de cabezas, una relación de 1 a 10 (Generalitat de Catalunya, 2022). En ese mismo año solo en Catalunya se sacrificaron más de 23 millones de cerdos (Generalitat de Catalunya, 2022) y se produjo un total de más de dos millones de toneladas de carne de cerdo para la exportación sobre todo a China. A esto hay que añadir que el modelo predominante de macrogranja es el de granjas controladas directa o indirectamente por grandes grupos agroalimentarios que engrosan sus beneficios a medida que han ido aumentando sin cesar la producción de carne en Catalunya. Sin embargo se observan tres tendencias que cuestionan abiertamente estas ruralidades industriales de cría intensiva de cerdos, vacas o pollos. En primer lugar muchos municipios que acogen este tipo de actividades no dejan de perder habitantes, especialmente mujeres. Así ocurre con Castilléjar (Granada) que acoge una de las mayores macrogranjas del país y que ha perdido en poco más de dos décadas más de un 20 % de su población (Greenpeace, 2021). Situación similar ocurre con comarcas como La Litera o Los Monegros en Aragón. Aquí se encuentran los municipios con mayor cantidad de macrogranjas: Tamarit de Litera con 22 macrogranjas y Grañén con 20 (*El Diario de Aragón*, 2022) y sin embargo se trata de municipios y comarcas que pierden población, incluyendo ambos municipios.

La segunda tendencia se observa en el consumo. Mientras que las macrogranjas de porcino, y en menor medida de vacuno no dejan de aumentar en España, el consumo de carne cae en picado. Solo en Catalunya, el consumo directo de carne de porcino descendió un 17 % entre 2017 y 2022 (Generalitat de Catalunya, 2023). En el conjunto de España, al igual que en otros países europeos, parece consolidarse una tendencia al descenso generalizado de consumo de carne, sobre todo de cerdo, por motivos de salud, medio ambiente y de bienestar animal (Igualdad Animal, 2023). Por último se observa una continua pérdida de soberanía alimentaria a medida que el modelo de macrogranja se va generalizando. Alcarrás es uno de los municipios catalanes con mayor cantidad de macrogranjas. También es el nombre de una famosa película catalana que narra el drama de una familia que vive de sus campos de melocotones, presionada para abandonar su actividad en favor de un proyecto de energías renovables. Melocotones producidos por una finca familiar sustituido por un macroproyecto de energías renovables destinado a producir energía para su exportación a otros territorios. Todo un síntoma de las dinámicas del capitalismo en el medio rural, una ficción muy real.

Aunque el sector de la ganadería industrial con las administraciones sectoriales al frente defienden a ultranza la producción intensiva de carne y de todo tipo de alimentos en España porque genera «riqueza, empleo y cohesiona el medio rural» (*El Periódico*, 2024), la realidad es que con este modelo industrial intensivo de agricultura y ganadería se van perdiendo cada año pequeñas explotaciones incapaces de competir con esta producción industrial y además se va perdiendo soberanía alimentaria. En la actualidad prácticamente todos los países ricos importan la mayor parte de sus alimentos, cuando hace apenas medio siglo el origen fundamental de productos frescos como la carne, la fruta o las verduras era la propia región (Duch y Soler, 2015). En cualquier frutería europea es posible encontrar cerezas de Chile, melones de Brasil, judía verde de Marruecos o naranjas de Sudáfrica. La situación es tan surrealista que en supermercados de ciudades como Valencia, famosa por la huerta histórica que la rodea y capaz de producir una amplia gama de frutas y verduras, en 2024 empezaron a llegar cebollas cultivadas en Nueva Zelanda, literalmente las antípodas. Estas cebollas que son un producto de consumo habitual han recorrido 19.500 kilómetros hasta la estantería de un supermercado europeo. No se trata de una situación anecdótica: es consecuencia del acuerdo de libre comercio entre la Unión Europea y Nueva Zelanda que entró en vigor en ese mismo año y que supuso desmantelar el sistema de aranceles y una importante liberalización del comercio (Comisión Europea, 2023), en especial productos agrícolas y una razón fundamental de las protestas de los agricultores.

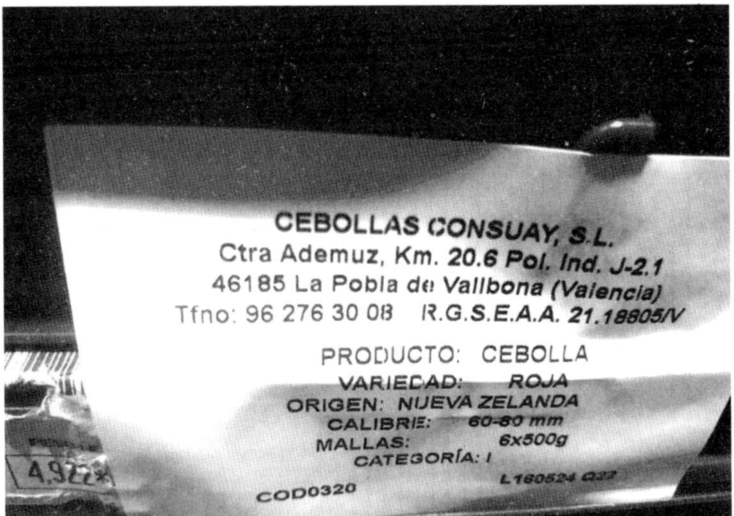

Etiqueta de cebollas cultivadas en Nueva Zelanda y vendidas en un supermercado español. Fotografía del autor.

El modelo de agroindustria hegemónico en los países ricos alarga cada año más los circuitos de distribución de alimentos, apuesta en muchos casos por la tecnificación y los organismos genéticamente modificados para seguir con el mantra de la reducción de costes, pero al mismo tiempo es dependiente de grandes cantidades de insumos: mucha agua, cereales para piensos, fertilizantes químicos o plaguicidas del mercado global. Cuando alguno de estos suministros falla, como por ejemplo el descenso drástico en la exportación de cereales de Ucrania para la fabricación de piensos en el resto de Europa, todo el sector entra en crisis. A esto hay que añadir, que pese al poder de las grandes empresas distribuidoras de alimentos, las grandes corporaciones agroindustriales y su elevado grado de tecnificación, no son ellas la base de la alimentación del planeta, aunque sí una responsable importante de la degradación del medio ambiente, de la extinción masiva de especies y del cambio climático. Es la agricultura familiar en cambio la verdadera base de nuestra alimentación. Según un informe de la FAO representa el 56 % de la producción y de las tierras, cifras que aumentan mucho más en países pobres. Por ejemplo, en Fiji la agricultura familiar produce el 84 % del ñame, arroz, yuca, maíz o fríjoles empleando el 47,4 % de la tierra (FAO, 2014). Al contrario de lo que pregonan algunos medios de comunicación, académicos y políticos, las ruralidades capitalistas totalmente dependientes de la agroindustria, las macrogranjas y las grandes corporaciones como Monsanto deberían ser más cosa del pasado que del futuro, mientras que las diversas ruralidades y agriculturas familiares y campesinas abastecedoras de alimentos sanos para las personas y el medio ambiente el camino de futuro de la agricultura y la ganadería.

Ruralidades industriales y de producción de energía

El capitalismo no solo redujo la ruralidad a una mera productora industrial de alimentos baratos. También la extracción de todo tipo de minerales o la generación y distribución de energía han sido actividades que han convertido muchos territorios rurales, históricamente diversos, en grandes extractores industriales de recursos, y de nuevo con un apoyo firme del Estado a través de sus políticas industriales. De todas las actividades que existieron en numerosos medios rurales primero como actividad artesana, y luego como actividad industrial masiva con enormes e irreversibles impactos territoriales es sin duda la minería la más destacada. La minería, al igual que la industria textil y metalúrgica, fue uno de los principales puntales de la modernización y la industrialización capitalista, y como se comentó en secciones anteriores, una de las principales razones de las empresas coloniales europeas. A esto hay que añadir que solo gracias al desarrollo primero de la minería del carbón y posteriormente del petróleo se pudieron alimentar las principales revoluciones industriales que dieron forma al mundo capitalista que hoy conocemos. Pero la historia viene de más lejos.

La promesa de un rápido enriquecimiento movió a miles de exploradores europeos desde el siglo XVI a embarcarse en todo tipo de expediciones a América en busca del ansiado oro. Siglos después motivó varias fiebres del oro como la de California o Sudáfrica. Solo la de California entre 1848 y 1855 atrajo a decenas de miles de personas de medio mundo. Se trataba sin embargo de emprendimientos mineros artesanales, pero construidos sobre todo por nativos esclavizados, lo que provocó un genocidio de pueblos indígenas en toda California y borró para siempre la huella de muchos de estos pueblos (Blakemore, 2018). Una vez que el filón de carbón, oro o cualquier otro mineral se agotaba en las capas más superficiales, muchas de estas actividades se abandonaban y el territorio pasaba a desarrollar otro tipo de actividades. No obstante la industrialización de la minería cambió esto radicalmente y convirító muchos territorios rurales en grandes complejos mineros con minas en galería y posteriormente a cielo abierto, almacenes, hornos de coque en el caso del carbón, líneas de ferrocarril y colonias mineras construidas y controladas por una misma empresa. Si la minería artesanal existente hasta mediados del siglo XIX podía ser precaria, temporal y de bajo impacto, el modelo de minería industrial que se empezó a generalizar a partir de entonces, también funcionaba a partir de ciclos tecnológicos y de mercado, pero dejó una huella mucho más profunda.

Con cada ciclo minero, el capitalismo fue consolidándose y ampliando su dominio territorial, en una continua pugna entre la búsqueda de nuevos yacimientos para satisfacer las demandas crecientes, y, por otro lado, la expansión de mercados para colocar la producción minera y sus derivados. Las particularidades de la actividad minera hacen que las colonias mineras se distingan de otras como las colonias agrícolas o las netamente industriales. En primer lugar, los ciclos mineros tienen normalmente una duración de pocas décadas y en la mayor parte de los casos, generan una gran actividad y también una inmensa demanda de mano de obra en muy poco tiempo (Del Romero et al., 2021). El relato más extendido en el origen de muchas colonias y poblaciones mineras (así como también de muchas industriales) es el de la llegada de familias dc diferentes áreas rurales atraídas por los salarios comparativamente altos y fijos del oficio de minero, frente a la inseguridad de la vida campesina ligada a la suerte de la cosecha. La creación de una colonia minera entraña un trauma silencioso entre dos comunidades: los habitantes preexistentes, normalmente vinculados a la agricultura y ganadería, y los «colonos» o trabajadores de la mina, que llegan en masa en muy pocos años a territorios en los que normalmente las densidades demográficas son bajas.

Paradójicamente, la mayoría de estos colonos no son sino habitantes de otras ruralidades que a través de la minería son proletarizados. La colonia minera representa en muchos casos el encuentro entre dos ruralidades que durante muchos años se ignoran mutuamente, si bien la modernidad capitalista en forma de grandes empresas mineras públicas, pero sobre todo privadas, construyen una ruralidad genuina que transforma por completo el paisaje físico, social y cultural. Este es el territorio donde más claramente cabe hablar de «nuevas viejas ruralidades». En el momento en el que la extracción del mineral deja de ser rentable, la colonia o empresa cierra su actividad y en muy pocos años es abandonada, aunque haya atraído a miles de familias. Este es el camino que han seguido casi todas las cuencas mineras europeas, sobre todo del carbón, desde las de Gales o el Ruhr en los años 80 y 90, hasta las del norte de España y Francia desde los años 90 y que aún hoy en día son espacios rurales en declive. El territorio explotado por una compañía minera suele ser bastante extenso y es modificado profundamente a lo largo del periodo de actividad, especialmente en la minería a cielo abierto, dejando un legado de contaminación que dificulta extraordinariamente su reconversión posterior hacia otras actividades.

La explotación minera suele ir además acompañada de toda una serie de infraestructuras auxiliares como ferrocarriles mineros, lavaderos de mineral o plantas de procesamiento que a su vez requieren de mucho espacio y que contribuyen en gran medida a crear un territorio completamente distinto al preexistente. En este sentido la actividad acaba generando un proceso doble de desarticulación social en las áreas rurales en las que se asienta: con la llegada y rápida expansión crea un paisaje industrial que altera completa y físicamente el territorio: pozos mineros, nuevas colonias, estaciones de ferrocarril, escombreras o piscinas de lavado surgen en muy poco tiempo. Sin embargo, la actividad minera fluctúa no solo en función de la disponibilidad de minerales, sino sobre todo de los precios en mercados internacionales. Durante ciertos periodos en el que el precio del mineral es bajo, la actividad de muchas compañías para por completo, y en ciclos expansivos multiplican su producción. El cierre definitivo de una mina es un segundo momento de desarticulación: la sociedad totalmente genuina creada al calor de este recurso deja de tener sentido también súbitamente. Quizás han pasado siglos desde que ese territorio fuese una aldea y es casi imposible volver a las actividades preexistentes: o no quedan campesinos, o estos han sido completamente asimilados a la actividad minera, que a lo largo de la historia ha engendrado toda una cultura a su alrededor. Por la dureza de su trabajo se desarrolla una conciencia de clase y una identidad muy diferenciada que es clave para entender la historia del movimiento obrero y de territorios mineros. La vida del minero era y es sin duda una de las más duras de todos los oficios humanos y donde la lucha por una mejora de las condiciones salariales y de seguridad en el trabajo ha sido una constante.

Oficina salitrera de Humberstone en el norte de Chile. Fotografía del autor.

Si bien es cierto que la minería es una actividad necesaria para el sostenimiento de muchas actividades económicas, basta una visita a cualquier zona minera abandonada para darnos cuenta de la urgente necesidad de disminuir drásticamente la extracción de minerales, y por supuesto de petróleo. Al legado de despoblación desarticulación social y contaminación que deja esta actividad hay que tener en cuenta además dos características fundamentales que sigue teniendo en pleno siglo XXI. En primer lugar es el mejor ejemplo de las desiguales relaciones norte-sur, de la pervivencia del colonialismo y del legado de degradación ambiental del modelo capitalista. Una parte no poco importante de la minería de todo tipo de recursos, pero especialmente metales preciosos sigue siendo artesanal en condiciones muy precarias o directamente de esclavitud, especialmente en África, empleando además a niños y a adultos sin ningún sistema básico de seguridad. En segundo lugar es una actividad que participa en las dinámicas crecentistas del capitalismo, y por lo tanto es fuente inagotable de conflictos y de violencias. La figura anterior muestra la oficina salitrera de Humberstone en el norte de Chile. Esta región se especializó hasta mediados del siglo XX en el famoso nitrato de Chile con un modelo de colonia industrial totalmente controlada por una empresa. En 1907 los patrones de las salitreras con el apoyo del ejército chileno asesinaron a más de 2000 mineros y sus familiares incluyendo niños, para poner fin a la huelga que estaban llevando a cabo para reclamar mejoras en sus condiciones de trabajo y pagos en salario y no en fichas de la propia empresa (Teitelboim, 2002).

Más de un siglo después, los conflictos ambientales por la megaminería, el desplazamiento de pueblos originarios, las condiciones laborales de los mineros o el consumo y contaminación del agua no dejan de multiplicarse al ritmo en que las empresas mineras buscan más yacimientos y mayor rentabilidad de su actividad. Hoy en día la revolución digital, de la inteligencia artificial y de la mal llamada economía verde con tecnologías como la batería eléctrica para todo tipo de vehículos no hace sino aumentar aún más si cabe la demanda y la aprobación de centenares de proyectos tanto en países ricos como pobres, para extraer más y más plomo, litio, cobre, coltán, níquel, plata y tierras raras, lo cual supondrá nuevas catástrofes ambientales y desarticulación de comunidades rurales e indígenas de los países pobres.

Minería artesanal de sulfuros en Ijen (Indonesia) en la que los mineros extraen el mineral bajando al cono del volcán expuestos a gases venenosos y solo ataviados con sandalias y un pañuelo. Fotografía del autor.

Pero no solamente esta economía verde o capitalismo verde es la responsable de la multiplicación en el consumo de litio por ejemplo, ni tampoco la minería es la única actividad industrial presente en el medio rural. Desde hace ya casi una década, muchos territorios rurales están viviendo una revolución industrial de las energías renovables. De nuevo operan aquí todos los mecanismos ya analizados: colonialismo energético, extractivismo, creación de zonas de sacrificio ambiental por los severos impactos ambientales de construir cientos de aerogeneradores y decenas de miles de placas solares, por no hablar de la prevalencia en todo momento de los grandes proyectos a gran escala y de la mano de empresas eléctricas, frente a las cooperativas de autoconsumo. Países como México, España, China o Francia han multiplicado su superficie y capacidad de generación eléctrica mediante energías renovables sin una vinculación clara con las necesidades internas de consumo. Al igual que con la minería, estas nuevas ruralidades especializadas en generar energía no son del agrado de todo el mundo, al igual que no lo fueron en el pasado cuando las élites económicas y políticas apostaron por la energía nuclear, o aun antes cuando se produjo el despliegue de miles de grandes presas, lo que obligó al desplazamiento de millones de personas.

Con un despliegue espectacular y sin precedentes de proyectos de energías renovables en España con más de 1400 proyectos en tramitación en 2023 (Planelles et al., 2023), las energías renovables son la gran revolución de los últimos años y se ha concentrado sobre todo en territorios rurales pobres, con escasa población, pero con paisajes y biodiversidad notables como han denunciado multitud de colectivos y plataformas ciudadanas del medio rural. A esto hay que añadir que muchos de estos proyectos no solo se han ubicado ilegalmente sobre terrenos comunales, sino que esta posibilidad se está incentivando desde algunas administraciones públicas, como la Junta de Castilla y León (Barahona, 2024). Todo este despliegue de proyectos de energías renovables se realiza para dar suministro a grandes ciudades ubicadas a cientos de kilómetros de los proyectos, lo que obliga a construir líneas de muy alta tensión. A esto hay que añadir que en países como España la demanda de electricidad permanece estancada desde hace años y que es tal la cantidad de proyectos presentados, que muchos se localizan en áreas con impactos ambientales severos sobre el medio ambiente y el paisaje, a pesar de lo cual siguen siendo aprobados. Esta última ofensiva sobre el medio rural y los bienes comunales ha sido bautizado como un nuevo tipo de colonialismo: el colonialismo energético (Del Romero, 2023).

La energías renovables son por lo tanto un mecanismo fundamental no solo de destrucción de viejas ruralidades, sino de construcción de nueva ruralidades con un futuro cada vez más incierto, tanto por el dudoso impacto social y ambiental positivo de los grandes complejos de energías renovables, como los viejos proyectos mastodónticos de hidroelectricidad. Por ejemplo a finales del siglo XX se estima que más de diez millones de personas fueron desplazadas y sus hogares inundados en China (Jackson y Sleigh, 2000) por la construcción de la presa de las Tres Gargantas. Este mismo esquema de construcción de grandes presas se ha repetido en todo el mundo, generando enormes impactos ambientales por la retención de sedimentos y la destrucción de ecosistemas fluviales y el abandono de pueblos, desde el caso de China, a la larga historia de proyectos hidroeléctricos en la Patagonia (Castro y Castro, 2023). Muchas comunidades se tuvieron que sacrificar perdiendo sus casas, campos, su memoria y recintos sagrados como cementerios. Hoy en día ese mismo esquema colonial depredador continúa a menor ritmo con proyectos hidroeléctricos, pero ha aumentado vertiginosamente con proyectos de energía eólica y fotovoltaica.

El nuevo papel asignado a numerosos territorios rurales es el de patio trasero de la ciudad para acoger miles de aerogeneradores, placas solares, subestaciones y cableado con una sola lógica de implantación: terrenos baratos, en áreas con pocas resistencias sociales, y exportación de la producción y de prácticamente todos los beneficios a la ciudad (Del Romero, 2023). Toni Lloret, activista responsable de *Repoblem*, un portal de ofertas contra la despoblación de los micropueblos catalanaes afirma sin ambages: «los pueblos somos el patio de atrás. El país no tiene un proyecto para nosotros, sino que estamos todo el día a la expectativa de lo que necesita la metrópolis» (Vicente, 2021). La revolución de las energías renovables es todo un ejemplo de extractivismo para el beneficio de unas pocas grandes empresas eléctricas dominadas por los llamados «señores de las renovables» (Ortín, 2021) a costa de la destrucción de paisajes, patrimonios rurales, y un daño severo a la biodiversidad, sobre todo de la avifauna.

Los impactos ambientales de este despliegue, pueden llegar a afectar territorios tan dispares como La Amazonía, ya que parte del material empleado para la fabricación de palas de aerogeneradores proviene de maderas tropicales extraídas masivamente contribuyendo a la deforestación de la selva tropical (Badia, 2021) o Vietnam, una de las principales reservas mundiales de tierras raras para la fabricación de turbinas eólicas. Sin embargo, los principales motivos de resistencia a estos proyectos por parte de la población local y movimientos ecologistas, son los daños al medio ambiente de unos proyectos que curiosamente se venden como de generación de energía verde. Los impactos paisajísticos que suponen construir decenas de aerogeneradores de más de 200 metros de alto son imposibles de mitigar, al igual que los daños sobre la avifauna por colisiones, sobre todo si estos aerogeneradores se instalan en corredores ecológicos.

Aerogeneradores en La Rioja (España). Fotografía del autor.

En el caso de las centrales fotovoltaicas, el efecto de lámina de agua que tienen los paneles vistos desde el cielo provoca también la muerte de numerosas aves que confunden los paneles con una superficie de agua. Los daños sobre el patrimonio natural y cultural no son menores. En numerosas áreas rurales españolas se han llegado a proponer sobre importantes yacimientos paleontológicos de ignitas (Rivas, 2021). A estos impactos, y en el caso concreto de las placas solares habría que añadir los impactos sobre el suelo. Los anclajes y cimentaciones de las placas, y el hecho de estar durante años generando sombra afecta a la fertilidad del suelo (Fandos, 2021), a lo que hay que añadir la contaminación que algunos compuestos de recubrimiento de las placas pueden generar al degradarse lentamente la placa fotovoltaica y gotear al suelo. A todo esto hay que añadir el casi nulo impacto que tienen estas nuevas actividades sobre el empleo local y la opacidad que rodea a muchos de estos proyectos, que incluso se han llegado a aprobar sobre terrenos comunales, como ya se comentó (Barahona, 2023).

Las ruralidades que surgen alrededor de estas actividades industriales son profundamente efímeras y poco diversas y dinámicas, nacen ya siendo viejas. Tanto las energias renovables como la minería, hoy en día casi toda a cielo abierto, están en gran medida automatizadas. Más allá de transportistas o equipos de mantenimiento, apenas se genera empleo, que además no tiene por qué residir ya en el mismo territorio gracias a las comunicaciones y a la automatización de procesos. Pocas actividades son compatibles con un polígono de placas fotovoltaicas o de grandes aerogeneradores: ni turismo, ni agricultura, ni mucho menos biodiversidad, de forma que el territorio designado como polígono industrial para la generación de energía tiene pocas alternativas de desarrollo. Por otro lado la edad media de una explotación a cielo abierto suele ser de pocos decenios, y la de un aerogenerador de unos veinte años. Pasado este tiempo se ha de desmontar o repotenciar. Una vez esta actividad cesa, también es complicada la restauración ambiental o la vuelta de actividades tradicionales como la agricultura: cables aéreos, cableado bajo tierra, subestaciones eléctricas, vallados o los propios paneles. A esto hay que añadir que en estos momentos el contexto político es muy favorable al despliegue de energías renovables de todo tipo incluyendo el hidrógeno y la biomasa. La Unión Europea aprobó en 2019 el Pacto Verde Europeo para convertir teóricamente la economía europea en una economía verde y sostenible, así como la Directiva 2023/2413 para promover las energías renovables y llegar a un 42,5 % de consumo de energias renovables en 2030 (Directiva 2023/2413) y la designación de «zonas de aceleración renovable» que puede ser cualquier territorio excepto las áreas de interés natural y corredores ecológicos, por lo tanto prácticamente cualquier área rural, y que además abre la puerta a eximir o flexiblizar la evaluación y control ambiental de proyectos de energías renovables, lo que ya está significando en la práctica que se aprueban proyectos en territorios con importantes valores ambientales y culturales.

La gran duda sobre estas nuevas ruralidades capitalistas especializadas en la generación de energía es cuánto tiempo durará este apoyo incondicional a las energías renovables, que tienen no pocos problemas. De entrada se trata de fuentes de energía caras, sobre todo por el coste de construcción. Además estas fuentes de energía basadas en el viento o en el sol no son continuas, con lo que la generación de energía eléctrica durante la noche es complicado y sigue siendo necesario combinar estas energías para residencias o usos industriales con otras fuentes como la energía térmica, nuclear o de ciclo combinado. Tampoco se ha considerado qué se hará en un par de décadas cuando miles de aerogeneradores y decenas de miles de placas fotovoltaicas terminen su vida útil, ya que hoy en día son casi imposibles de reciclar. Pero sobre todo la gran pregunta es qué pasará cuando el contexto político europeo cambie, o por ejemplo comience a apostarse más por otras fuentes como el hidrógeno, la biomasa o no haya tantos fondos disponibles para esta supuesta transición energética. Tanto en Europa, como China o Latinoamérica se está consolidando una nueva forma de colonialismo energético según la cual las áreas rurales pobres se convierten en territorios de sacrificio ambiental para generar energía. Se ha llegado a constatar en regiones como Aragón, que la propia administración ha llegado a aprobar proyectos sin realizar un informe técnico preceptivo para acelerar el despliegue de estos proyectos (Carnicero, 2023).

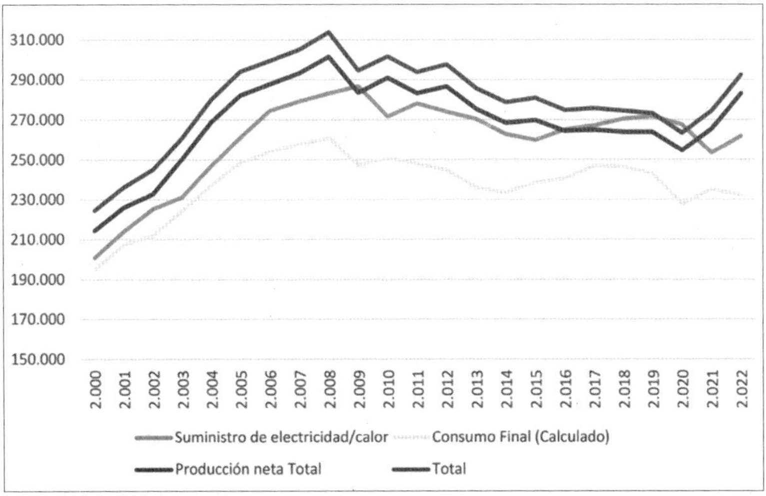

Evolución de la producción y consumo neto de electricidad en España (GWh). Fuente: Secretaría de Estado de Energía (2023). La línea superior indica el total.

Esta gráfica habla por sí sola. En España la producción neta total de energía supera al consumo, la diferencia entre ambos no para de aumentar desde 2019. Hay que tener en cuenta que las energías renovables, que son las que más aumentan en cuanto a producción, nunca podrán llegar a sustituir completamente otras fuentes de energía que sí son continuas. Aunque se cerrasen las centrales nucleares en España y su producción de energía fuese asumido por la generación de energía renovable, de ponerse en marcha los miles de proyectos en trámite y construcción podría llegar a haber instalaciones completamente subutilizadas. Dicho de otro modo: las ruralidades capitalistas que se están conformando a toda prisa basadas en desplegar energías renovables podrían llegar a estar obsoletas o ser completamente inútiles en pocos años incluso para el propio capitalismo industrial, dejando un legado de degradación ambiental y paisajística extremadamente difícil y caro de recuperar, pero que encaja completamente en la lógica de crecimiento a través de la «destrucción creativa» de territorios rurales.

En esta lógica y desde hace pocos años ante la enorme disponibilidad de energía se comienza a desatar una nueva fiebre: la construcción de centros de datos en las periferias urbanas y zonas rurales bien conectadas. Este tipo de instalaciones es una nueva fiebre del oro que de nuevo amenaza al medio ambiente por su elevado consumo de energía, agua y suelo (Segovia, 2024), de una demanda que no para de crecer a medida que se incentiva de todas las maneras posibles el uso de la Inteligencia Artificial. Es todo un ejemplo de manual de cómo el capitalismo expande su actividad creando nuevas necesidades que se convierten en nuevos mercados a través de nuevas tecnologías como la IA que prometen mejorar la vida cotidiana de las personas. Un informe de 2024 lamentaba que España estuviese a a la cola en la adopción de Inteligencia Artifical porque solamente un 26 % la usa habitualmente (Martín, 2025). Y es que poco se ha investigado aún sobre los impactos ambientales de la IA y los centros de datos. Algunos informes muy recientes destacan que realizar una consulta a un modelo como ChatGPT requiere entre 6 y 10 veces más energía que una búsqueda web tradicional (0.3 Wh frente a 2.9 Wh por consulta) y países como Estados Unidos ya consumen hasta un 3 % de toda la electricidad para centros de datos (PNAV, 2024). Así, los centros de datos utilizan cada vez más electricidad: de 460 TWh en 2022 a más de 1000 TWh en 2026 (Zavia, 2024). El consumo de agua es otro gran problema y fuente de conflictos puesto que decenas de proyectos de datos se pretenden instalar en territorios con escasez de agua, desde el desierto de Arizona al valle del Ebro. Se calcula que se emplea entre 0,18 y 1,1 litros de agua por cada kWh de energía consumida y un centro de datos puede consumir 2,1 millones de litros de agua diarios (PNAV, 2024). Esta nueva generación de proyectos con graves impactos ambientales es la nueva burbuja tecnológica que multiplicará el consumo de minerales, agua y energía en el mundo en una situación de emergencia climática y la movilización una vez más de comunidades rurales contra proyectos de energía renovables, minas o centros de datos para alimentar la revolución digital, y seguramente serán una fuente más de descontento y desafección para una parte de la sociedad rural,

Idilio rural: Ruralidades Walt Disney

«El turista termina siempre donde comenzó: pasando por caja. Como siempre puede pagar, se cree libre de ir y venir a su antojo, sin limitaciones aparentes. En la sociedad capi-

talista, estar «emancipado» termina equivaliendo a vivir como un turista allá donde se va, como un flâneur sin responsabilidad movido por una personalidad flotante, caprichosa e impulsiva. El turista es el arquetipo de individuo moderno "liberal", la versión del tecno-nómada profesional en su tiempo libre». (Christin, 2018b: 15).

Al contrario de lo que se suele pensar, la globalización no acercó territorios, o a *todos* los territorios (quizás a unos más que a otros), sino que más bien los alejó y los dividió entre territorios centrales privilegiados, y una vasta periferia dependiente y cada vez más pobre cuyo proceso de descolonización impulsado por la ONU y EE. UU. sobre todo en los años sesenta apenas alteró. La geopolítica global heredera de ese mundo de bloques está dominada, además de (aún) por Estados Unidos y una serie de potencias regionales, por una lista muy corta de instituciones internacionales reguladoras del movimiento de personas, bienes y capitales, según las cuales el capital y los bienes tienen posibilidad de libre circulación en casi cualquier rincón del mundo (aunque la lógica dominante es de la periferia hacia el centro), pero las personas no. Solo una minoría privilegiada de los países más ricos tiene la posibilidad de desplazarse libremente por el planeta y de tener un tren de vida como el de Daniel, nuestro hombre blanco moderno y urbano de la introducción. Cabe recordar que solo un 3,5 % de la población mundial hace turismo (Christin, 2018) y que una parte no menor de la humanidad ni siquiera cuenta con pasaporte para salir de su país.

Precisamente una motivación del turista es visitar comunidades exóticas, pueblos indígenas o «barrios vibrantes» en centros históricos de algunas ciudades en las que todavía permanece cierto sentimiento de comunidad y de lazos familiares y sociales que prácticamente se han perdido en el país de origen del turista y que le llaman mucho la atención, lo que lleva a un proceso de turistificación que incluye hasta los barrios pobres como es el caso de las favelas de Río y su tematización turística (Moraes, 2017). Muchos de estos turistas de países ricos, como podría ser de nuevo Daniel, viven en grandes bloques de apartamentos o en chalets en periferias urbanas donde apenas conocen o interactúan con sus vecinos, ni muestran ningún interés o compromiso social. Total, si falta sal en la ensalada o si se va la luz hay un ejército de dispositivos electrónicos dispuestos a sacarnos del atolladero. Sin embargo, muchos de estos ciudadanos individuales no hace ni dos generaciones que viven en un chalet o en un moderno apartamento. Seguramente incluso todavía tienen casa en uno de tantos pueblos casi abandonados del medio rural como el de Sofía, pueblos donde las casas están pegadas unas con otras, donde hay plazas con fuentes en lugar de avenidas con cuatro carriles, y donde el silencio es roto cada hora por el toque de campanas de la parroquia y no cada minuto por un claxon de un turismo, lo cual hace de ello además una interesante mercancía de consumo para el turista rural.

Ni todo el turismo rural supone una disneylandización del territorio, ni todos los territorios convertidos en parques temáticos a imagen y semejanza del modelo de Walt Disney son rurales. Sin embargo, ya sea por su atractivo natural, por su patrimonio cultural o por su identidad, numerosos territorios rurales se han convertido en una suerte de monocultivo del turismo de masas sobre todo de origen urbano e internacional. Como afirma Christin (2018b), el turismo es una industria «devoradora» que explota «recursos tales como los paisajes y las formas de vida», a lo que habría que añadir que tiene en los territorios rurales y naturales su principal foco de atención en todo el mundo. Ya se ha visto anteriormente cómo el capitalismo industrial explota a los trabajadores de países ricos y esclaviza a muchos de los países pobres. A los primeros les promete una gratificación en forma de tiempos de descanso para luego seguir siendo igual o más productivos, pero ese tiempo de descanso realmente no es más que una actividad frenética en forma de turismo y de ocio consistente básicamente en un continuo desembolso económico para que el turista visitante se aloje, se desplace, coma «productos locales» a ser posible «gourmet», compre souvenirs, y por último «experimente» la vida rural del territorio que visita, ya sea haciendo el camino del Inca en Perú o haciendo un taller de origami en una aldea japonesa. A los trabajadores de países pobres ni siquiera se les promete un tiempo de descanso, sino más bien un salario mísero que les permita subsistir. Por cierto que muchos de estos trabajadores pobres dependen en muchos destinos turísticos de la llegada masiva de turistas blancos europeos, asiáticos y norteamericanos con alta capacidad de gasto.

Una vez el capitalismo consiguió penetrar en el medio rural y desarticular sus relaciones sociales y modelos económicos no capitalistas, privatizar sus bienes comunales, imponer lógicas extractivistas en todas las actividades, desde los aprovechamientos forestales a la minería o la ganadería, con el turismo en muchos casos se impuso una segunda oleada extractivista más sutil pero igual de efectiva: vender paisajes, folklorizar y mercantilizar modos de vida o gastronomía. Así muchas poblaciones pasaron a convertirse en museos al aire libre y pueblos de postal o paisajes como la Quebrada de Humahuaca en Argentina se convirtieron en patrimonio de la UNESCO en un proceso de patrimonialización para el consumo turista internacional (Castro y Zusman, 2007). Se rehabilitaron castillos, palacios e iglesias como recursos turísticos, se abrieron museos de la tortura, de figuras de cera, centros de interpretación de todo tipo, se habilitaron en ríos y costas todo tipo de paseos, miradores, tirolinas (previo pago), pasarelas de madera y escaleras para que el turista, incluso el menos preparado físicamente, pudiese adentrarse en los confines más remotos de la naturaleza. Paisajes naturales de difícil acceso como el monte Everest se convirtieron en atracciones turísticas masificadas con centenares de alpinistas haciendo cumbre cada día. En cada centro de servicios se construyeron hoteles, resorts, casas rurales, y no pocas viviendas convencionales pasaron a ser apartamentos en redes globales como «Airbnb». Por supuesto se multiplicaron las agencias y las oficinas de turismo para «guiar» al turista realmente en su estrategia de consumo. Muchos centros históricos se gentrificaron o se convirtieron en lugares inhabitables por la afluencia de turistas y el precio de la vivienda, los planes de desarrollo rural confundieron promoción del turismo a toda costa con aumento de los niveles de bienestar de las poblaciones locales o lo establecieron como sinónimo. Muchas áreas de interés natural se convirtieron en complejos sistemas tecno-administrativos que en la práctica restringieron o prohibieron todo tipo de actividades tradicionales, pero no la invasión de turistas. Le Goff (2012) realiza esta denuncia sobre el parque natural francés de Luberon y analiza las causas del rechazo de este parque natural entre los habitantes del entorno:

> «Para los ancianos del pueblo, a menudo cazadores, el parque natural es el símbolo de una ecología punitiva y culpabilizadora. Además critican los grandes chalets de diseño provocador que se están construyendo a su alrededor, ocupadas durante los fines de semana por propieta-

> rios adinerados gracias a las facilidades que ahora ofrece el TAV, ¿no están mucho más reñidas con el paisaje que las modestas viviendas que aún se alzan allí?» (*Le Goff*, 2012).

Incluso el desarrollo del ecoturismo en áreas de interés natural se desplegó mediante mecanismos neoliberales como la privatización, la mercantilización y la desregulación, utilizando el turismo de naturaleza como una fuerza para el desarrollo económico dirigido localmente basado en el espíritu empresarial individual, mediante la fijación de valor monetario a los recursos naturales y creando así un mercado e incentivo para su manejo sostenible (Fletcher, 2019: 42).

Para aquellos territorios que han visto languidecer su población y actividad precisamente a causa del avance el capitalismo global se propusieron estrategias de renaturalización y la creación de grandes parques naturales a modo de santuario para desarrollar actividades cinegéticas o de observación de la naturaleza para turistas ricos. «Nuestro mejor aliado se llama abandono rural» se lee en un documento para proponer un gran parque natural en el Maestrazgo-Els Ports, una de las áreas de montaña más despobladas de España (Fayos y Pascual, 2020) que siguió la estela de un proyecto muy similar en los Esteros del Iberá en Argentina, donde se planteó introducir varias especies bandera, más interesantes por su capacidad de convertirse en mercancía turística, que por su importancia ecológica.

Cuando el pueblo en cuestión no parecía reunir los atractivos naturales o culturales suficientes se optó por convertirlo en una suerte de ciudad del ocio donde las fiestas locales pasaron a ser «de interés turístico». Muchas festividades religiosas y populares se mercantilizaron y homogeneizaron para acoger más y más turistas, desde las procesiones de Semana Santa en pueblos de Andalucía, al festival de cometas de Jaipur en la India. En otros casos los entornos naturales de muchas poblaciones, sus paisajes de montaña y de bosque pasaron a convertirse en lugares de consumo de lo más variopinto, o bien en un mero soporte físico para todo tipo de pruebas deportivas como vueltas ciclistas, maratones, triatlones, pentatlones, pruebas deportivas de invierno, escalada y donde se exaltaba la capacidad de cada persona de superarse a sí misma a base de subir montañas a la misma velocidad en que gastaba sus ahorros en horas de gimnasio y en todo tipo de dispositivos y pertrechos como equipamientos especiales, cascos, gorros, gafas de sol, cámaras *go-pro*, botas de montaña impermeables o zapatillas deportivas especiales, pulseras y relojes inteligentes, accesorios para sus bicicletas, motos o esquís e incluso un servicio de dron para grabar la proeza a realizar por el individuo en cuestión.

(Izquierda). Recreación de aldea típica en Brac (Rumanía). (Derecha). Museo egipcio en Canela, un destino turístico del sur de Brasil. Fotografías del autor.

Muchos espacios rurales con pocas alternativas de sobrevivir en el mercado global de la producción y distribución de alimentos o de los recursos naturales de todo tipo encontraron una manera de insertarse en la modernidad a partir de este turismo rural. Evidentemente esto ha ido desatando todo tipo de conflictos: gentrificación rural, saturación de servicios rurales como médicos, comercios o depuradoras de agua cuando la población se multiplica en verano, problemas de circulación y aparcamiento y un dudoso balance para las arcas municipales de las poblaciones rurales, aunque sea sustancioso para el sector hostelero.

Esta estrategia de monocultivo turístico es además una apuesta arriesgada en un contexto de multicrisis global. La pandemia del covid-19 ya arruinó bastantes negocios turísticos por los confinamientos sufridos por muchos países, pero además las crisis económicas cíclicas, el alza de los combustibles, por no hablar de los grandes cambios de temperatura y humedad que ya es palpable en muchos territorios abren muchos interrogantes sobre estas ruralidades Walt Disney. El turismo rural no masivo, de disfrute de la naturaleza y respetuoso con las culturas rurales puede ser un buen complemento de renta, pero no el motor único de obtención de renta de pueblos y comarcas enteras, sacrificando a cambio su soberanía alimentaria, sus saberes artesanos y sus ritmos de vida. Toda ruralidad capitalista que vive exclusivamente del turismo está condenada a estar en crisis crónica y creciente, además de ser responsable de no pocas emisiones sobre todo por desplazamientos y de la pervivencia en muchos destinos turísticos de lógicas coloniales y de explotación y precarización laboral.

Muchos de estos turistas y visitantes se convirtieron además en residentes posteriormente, sobre todo en países europeos, latinoamericanos, en Australia y Nueva Zelanda. Si bien el movimiento neorrural fue de inicios una corriente contracultural de crítica al capitalismo y huida de la ciudad como espacio artificial y totalmente orientada al consumismo y al individualismo, con el paso del tiempo este movimiento fue ampliando todo tipo de perfiles, desde personas que al jubilarse regresan a su pueblo de origen, a profesionales estresados, clases creativas o personas que se autodefinen como «alternativas» (Fountain y Hall, 2002). Para el sociólogo holandés C.D. Saal hay tres tipos de neorrurales: en primer lugar estarían los «reclusos», personas que se instalaron en el medio rural buscando básicamente paz y traquilidad, artistas, profesionales liberales y jubilados con muy poco contacto con la sociedad rural preexistente; la segunda categoría la formaban los «dualistas pragmáticos», se trataba de personas que se trasladaron a vivir en el medio rural, pero trajeron consigo su urbanocentrismo y todo tipo de demandas urbanas, mejoras en carreteras, transporte, escuelas, sanidad, al contrario que el grupo anterior, se involucraban plenamente en la vida del pueblo para construir alianzas y reclamar todo tipo de cambios y políticas; el tercer grupo de neorrurales serían los «rururbanitas». Se trata de familias que escogieron vivir en un pueblo básicamente por la facilidad de acceso a la vivienda, pero tanto profesional como socialmente seguían completamente ligados a la ciudad. Dos de estos tres perfiles se insertan en una sociedad con la que apenas interactúan.

Tanto si se está más de acuerdo con la clasificación de Fountain y Hall (2002) o de Saal (1972, citado por Mak, 2010) u otras sobre neorrurales, dos elementos hay siempre en común: por un lado la existencia de puntos de fricción y de conflicto entre rurales y neorrurales por un lado, y por el otro el idilio rural que manifiesta gran parte de los neorrurales dc la ruralidad, frente a una visión generalmente más utilitarista y productivista de la población local:

«Para los jóvenes y neorrurales, la estética del pueblo y del paisaje era fundamental, hasta el punto de ser el principal factor para permanecer en él. Para las personas más mayores, el pueblo se veía como una entidad económica y cada nuevo proyecto, o nueva familia era reducido a la consideración de un cliente más, o de una oportunidad de negocio más» (Mak, 2010: 23).

Lo que hemos dado en denominar como «ruralidades Walt Disney» no es solo una subjetivación de lo rural para mercantilizarlo como producto turístico, sino toda una cosmovisión compartida por buena parte de la población urbana que parece tener un cierto idilio rural. De esto se ha debatido durante años en círculos académicos. Para Shucksmith (2018) la idea arcadiana de medio rural parte del mito pastoral de lo rural como una suerte de Edén perdido obviando los conflictos y contradicciones consustanciales a toda sociedad rural como su relación con el entorno natural, el papel de la mujer, el papel a veces designado de determinadas ruralidades como guardiana de las esencias y de una idea de identidad nacional o las violencias y dinámicas de explotación, por ejemplo laboral. Estas dinámicas también existen en las ruralidades capitalistas occidentales, que es hacia donde se dirigen la mayor parte de migrantes neorrurales, también de países capitalistas occidentales normalmente de raza blanca y clase media o alta. Muchas de estas personas representan y se trasladan a vivir al medio rural como forma de confrontar la inseguridad ontológica de la condición posmoderna (Halfacree, 1996), una condición líquida, inestable y cambiante (Bauman, 2002) frente a un medio rural que se representa como estático y puro. Así permanece un idilio rural que alimenta esa visión del medio rural como una suerte de parque temático, reservorio de tradiciones y «fondo de pantalla de Windows», verde, invariable y normalmente vacío de personas y sus actividades. El idilio rural es por lo tanto un producto cultural hegemónico desde y para las clases medias urbanas que se impone sobre los residentes rurales (Halfacree, 1994), y como todo artefacto cultural es susceptible de ser convertido, a través del turismo rural, en una mercancía de consumo y en la base del concepto dominante de nueva ruralidad del que se hablará más adelante.

Como se comentaba anteriormente, así se diseñan muchas estrategias turísticas que buscan la imagen de postal de pueblos y paisajes: pueblos blancos, rojos o negros por el color de sus tejados o materiales de construcción para hacer rutas en coche, bosques frondosos donde hacer «baños de bosque», paredes de roca o cimas que se ponen de moda porque son un «desafío» para escaladores, deportistas y alpinistas, rutas de vino, quesos o cualquier otro producto gastronómico gourmet para conocer «los secretos» de cada producto y entre un pueblo y otro paisajes que son calificados como la «Suiza», la «Toscana» o la «Venecia» de turno. También es muy común en perfiles sociales especializados en turismo y todo tipo de redes sociales mostrar un amplio rosario de «rincones secretos» y joyas ocultas que tienen como virtud siempre estar a pocas horas en coche o en avión de una gran ciudad. En todas estas descripciones que pueden leerse sobre cualquier medio rural del mundo prácticamente abunda esta idea de idilio rural. Los habitantes del lugar son poco más que un decorado, sobre todo si se trata de sociedades rurales indígenas o exóticas a ojos del turista occidental. Se olvida que muchos de ellos viven de actividades como la ganadería, la agricultura mecanizada, la artesanía o la silvicultura que generan ruidos y olores molestos. Se olvida que muchos de esos «rincones ocultos» no son espacios desiertos e inexplorados, sino bosques, calas, ríos o montañas donde de nuevo habitantes del lugar practican la caza, la pesca, la trashumancia y muchas otras actividades que en ocasiones hasta contribuyen a mantener la singular belleza que tanto atrae a seguidores de Instagram, de *youtubers* viajeros o de *influencers* y que han contribuido a su masificación.

Por estas razones y tras años de protestas, países como Francia han tenido que aprobar leyes como la Ley 2024-346 de 15 de abril de 2024, para proteger a los habitantes del medio rural francés, especialmente agricultores y ganaderos, de las quejas y denuncias de neorrurales y turistas urbanitas que migran a espacios rurales franceses y descubren que gallos, vacas u ovejas emiten ruidos y olores durante gran parte del día. Aquí se observa en ocasiones la confrontación entre dos ruralidades capitalistas: las ruralidades agropecuarias que subsisten a duras penas por la vía de la intensificación y mecanización de su actividad ganadera y agrícola multiplicando así los impactos ambientales que generan, y la ruralidad del idilio rural como mercancía que busca y promociona el turismo rural como paisajes de postal donde la sociedad rural y sus contradicciones apenas existe o bien se convierte en producto turístico, desde personas vestidas con el traje típico de su región a pueblos indígenas como los masai en Tanzania que son una de las principales atracciones turísticas del país. De hecho ya existen touroperadores internacionales como la finlandesa «Visit Natives» especializada en viajes cuyo único objetivo es asistir desde cualquier punto del globo a ritos y ceremonias masai e incluso a aprender a ordeñar sus ovejas y cocinar sus recetas típicas (Visit Natives, 2024).

Frente al turismo de masas que invade el espacio rural y lo convierte en espacios de consumo rápido para pasar rápidamente al siguiente destino en bus, taxi o avión, existe desde hace años toda una contracorriente como este último ejemplo, denominado turismo «responsable», «solidario», «ecológico» que tiene como «misión»: «promocionar el turismo sostenible», «preservar las culturas indígenas» y darles «un sueldo digno». Esta reorientación del turismo plantea en efecto poner más en el centro a las personas y pueblos de las ruralidades turistificadas e incluso asegurar un beneficio económico directo, cosa que no siempre ocurre por ejemplo con el turismo convencional. Este turismo puede tener beneficios sociales y económicos para las comunidades rurales, y en un marco capitalista se puede considerar una suerte de «mal menor» (normalmente los territorios turísticos no son objeto de grandes proyectos mineros, energéticos o de infraestructuras). Ahora bien, no son pocos los desafíos que supone el denominado turismo responsable o sostenible: desde intensificarse en un determinado lugar hasta convertirse en un modelo de turismo convencional del que se pretende huir, generar dependencia extrema en determinadas comunidades rurales que abandonan toda actividad tradicional a favor de convertirse en animadores socioculturales de grupos de turistas, generar importantes conflictos entre las familias que reciben un salario extra por alojar a turistas respecto a las que no, o enfrentarse a dilemas como el deseo de proteger una cultura ancestral mientras se la expone a las comodidades de la vida moderna, o cuando sus miembros lo que realmente desearían serían poder consumir, ser individualistas, tecnoadictos y viajar como lo hacen los turistas occidentales concienciados que reciben. A todo esto habría que añadir volviendo al ejemplo de *Visit Natives*, cómo de sostenible puede ser un viaje desde Finlanda al corazón de Tanzania que supone no menos de trece horas de vuelo y qué porcentaje de la humanidad puede permitirse viajes organizados de este tipo.

Tal y como comenzó este capítulo: ni todo el turismo rural supone una *disneylandización* del territorio, ni todos los territorios convertidos en parques temáticos a imagen y semejanza del modelo de Walt Disney son rurales. Ahora bien, el turismo, ya sea masivo, internacional, interno, más sostenible o concienciado o menos, supone inevitablemente no solo beneficios económicos que pueden estar mejor o peor repartidos, sino también conflictos, desigualdad, contaminación y en muchos casos una pervivencia de las lógicas coloniales explicadas anteriormente. Superar estas contradicciones solo es posible en un marco en el que el turismo huye completamente de las lógicas de crecimiento y acumulación del capitalismo.

4. LA CRISIS DE LAS RURALIDADES CAPITALISTAS

Nuevas viejas ruralidades en un mundo en colapso

Como se ha visto en los últimos capítulos, la ruralidad y las sociedades rurales arrastran una serie de crisis históricas. Primero por la penetración del capitalismo y la rápida desarticulación de las sociedades precapitalistas, proceso aún vigente especialmente en muchas ruralidades de países del sur, y posteriormente por las propias contradicciones y problemas derivados de las lógicas de crecimiento y acumulación sin límites que se han analizado en capítulos anteriores. Hace años que las ruralidades más competitivas y que han servido de modelo para la elaboración de políticas agrarias y de desarrollo rural en medio mundo se enfrentan a un dilema imposible de resolver que recae sobre el sector agropecuario: seguir el mandato del mercado de producir más, más barato para acelerar el crecimiento y la acumulación, o bien apostar por una producción de calidad, respetuosa con el medio ambiente, local y que apoye o valore no solo la producción, la superficie cultivada o la cantidad de cabezas de ganado por explotación y sin embargo con precios justos para el productor. Las dos cosas al mismo tiempo resultan en una falacia cuyo resultado se ve en forma de protestas masivas del campo europeo, abandono de explotaciones y suicidios. La agricultura del norte y centro de Europa, paradigma de eficiencia, productividad e innovación está más en crisis que nunca. Países como Holanda, Francia o Suiza que durante años han sido el modelo a seguir tienen como se vio en capítulos anteriores crecientes problemas que abren interrogantes sobre su futuro. Las agriculturas del sur de Europa también se ven en la tesitura de tener que producir barato con una normativa ambiental que sigue siendo en general muy laxa, pero mayor que en países terceros, mientras que las cadenas de distribución siguen presionando por un precio a la baja y unos márgenes de beneficio al alza mediante a estrategia de buscar proveedores de naranjas de Sudáfrica, melón de Brasil o cebollas de Nueva Zelanda.

De igual modo se podría hablar de las ruralidades industriales que viven aún de la minería del carbón, de las pequeñas industrias o del turismo: competir en un mercado global y al mismo tiempo con una agenda verde con crecientes requerimientos como cerrar minas de carbón y abrir centrales de energías renovables tampoco parece estar siendo un revulsivo demográfico para estos territorios. Siempre será más rentable abrir un restaurante en Manhattan o Shanghai que en un pueblo en el Atlas marroquí, en la Ucrania rural o en la ruta de la seda, y siempre hay más posibilidades de llegar a esas mismas ciudades por mil vías distintas que al pueblo. La brecha rural sigue presente también en estos sectores no solo entre el mundo urbano y rural, sino entre ruralidades diversas.

Las ruralidades capitalistas agropecuarias son «nuevas viejas» ruralidades. Estas vinieron a sustituir como se vio a toda una gran variedad de sociedades rurales no basadas en el crecimiento y la acumulación, sino en la subsistencia y la supervivencia en un proceso paralelo al de conformación y consolidación de los Estados-Nación liberales con diferentes grados de apertura democrática. Pero estas nuevas ruralidades capitalistas han envejecido rápido y mal. En primer lugar se trata de un envejecimiento demográfico. En Europa ya en 2016 por cada agricultor de menos de 40 años había tres de 65 o más años (DGARD, 2021). La agricultura y la ganadería, o incluso vivir en el medio rural continúa sin ser una opción popular para la mayoría de la sociedad europea, pese a que se trata de uno de los sectores más tecnificados, innovadores y financiados de la economía. En segundo lugar se trata de un envejecimiento sobre todo político y social, en tanto en cuanto las promesas de modernización, mejora de la productividad, diversificación económica con el desarrollo del turismo, del teletrabajo y de otros sectores, no parecen ser suficiente para ahuyentar el fantasma de la despoblación rural. De hecho, entre 2015 y 2020 fueron muchas más las áreas rurales que perdieron población que las que ganaron. Las áreas rurales que ganaron población, un total de 108, lo hicieron muy tímidamente entre un 0,1 y un 0,3 % anual como máximo. En cambio, las 155 áreas rurales europeas que perdieron población en ese mismo periodo lo hicieron a un ritmo mucho más rápido, alcanzando en algunas regiones un crecimiento negativo de como mínimo un 0,3 % anual en prácticamente todas las áreas rurales del sur de Italia, Grecia, Polonia y Albania, aunque en algunas regiones de Croacia y de Bulgaria el decrecimiento fue de entre un -2,3 y un -2,5 % anual (Eurostat, 2023).

A todo esto se une el ya de sobra conocido problema del cambio climático que lo cambia todo, parafraseando a la periodista canadiense Naomi Klein. El cambio climático está consiguiendo volver aún más viejas las ruralidades capitalistas de todo el mundo, es decir, las sociedades rurales que se han tenido que orientar completamente hacia la maximización de la producción y del beneficio en un mercado global de alimentos y de recursos naturales. La particularidad de este cambio es que es el propio ser humano su principal desencadenante, y sobre todo su velocidad. Las previsiones más optimistas sitúan para finales de siglo un aumento medio de las temperaturas del planeta que rondaría los dos grados, y las más pesimistas hasta cinco grados. El antropoceno es una propuesta de denominación de un nuevo periodo geológico marcado por el reconocimiento del rol protagonista ejercido por la especie humana en la perturbación de las dinámicas planetarias, convirtiéndose en la principal fuerza geológica (Crutzen, 2002). Este concepto popularizado por el químico Paul Crutzen y el biólogo Eugene Stoermer, defiende que la Tierra habría finalizado el periodo interglaciar del holoceno, que comenzó hace aproximadamente 12.000 años, y que se caracterizó por unas condiciones atmosféricas relativamente estables (Crutzen, 2002).

Este nuevo periodo que se sustancia en un cambio climático podría convertir en pocas décadas la Tierra en un planeta mucho menos habitable que en la actualidad para muchas especies incluyendo el *homo sapiens*, y estaría provocando una extinción masiva de especies como consecuencia de la degradación y destrucción de la naturaleza, también fruto de la destrucción de ecosistemas consecuencia de muchas actividades productivas. Entre estas especies destaca también la biodiversidad cultivada así como la ganadería, que supone la mayor parte de los animales del planeta. Hace ya bastantes años que se viene alertando de la amenaza del cambio climático, ya no solo para la viabilidad económica de muchas áreas agrícolas que se verán más afectadas por sequías, plagas y aumento de las temperaturas, como incluso para la seguridad alimentaria (Nelson et al., 2009). Los rendimientos agrícolas serán decrecientes, sobre todo en el sureste asiático, el área con diferencia más poblada del mundo. Ante la inseguridad de continuar con determinados cultivos en muchos territorios, y sobre todo por la variabilidad climática, el precio de alimentos básicos como los cereales o la carne subirán sustancialmente (Nelson et al. 2009; Calzadilla et al., 2013). Por ejemplo la ganadería intensiva que depende de insumos como cereales que aún se cultivan en territorios próximos podría entrar en crisis por la imposibilidad de seguir cultivando cereales en secano en territorios mediterráneos por el aumento de las sequías, obligando a aumentar las importaciones de grano para piensos, y seguramente los costes. Y todo esto en un mundo en el que aumenta la población, pero sobre todo el consumo. Entre 1800 y 2000 la población mundial se multiplicó por 6, pero el consumo de energía, sobre todo basada en el carbón y el petróleo que son los grandes emisores de gases de efecto invernadero, lo hizo por 40 (Piketty, 2013). Dentro de esta historia reciente del impacto de la humanidad sobre el planeta, destaca especialmente el siglo XX justo a partir del final de la Segunda Guerra Mundial.

Entre 1950 y 1970 la población mundial se multiplicó por 1,46, el PIB mundial por 2,6, el consumo de minerales y derivados por 3,08 y el de materiales de construcción por 2,94 (Piketty, 2013). Es lo que se conoce como «la gran aceleracion», con la constitución de un modo de vida capitalista basado en el consumo de todo tipo de bienes, la hipermovilidad, la creciente integración económica mundial y una aceleración en el progreso científico y tecnico. Este modo de vida aseguraba un acceso para todos a la abundancia de bienes materiales y a una mayor calidad de vida, aunque realmente esta ilusión de abundancia solo llegó a parte de la población de los países más ricos que habían sido grandes potencias coloniales. Sin embargo, esta aceleración en el consumo comenzó a poner en peligro el equilibrio del planeta hasta que, en la década de los setenta, comenzaron a surgir voces sobre la incompatibilidad entre un crecimiento infinito en el consumo de energía y materias, en un planeta finito, por ejemplo con el informe Meadows sobre los límites del crecimiento (Meadows et al., 1975).

Hoy en día existe un consenso cada vez más amplio que señala que de seguir con las actuales dinámicas extractivistas, productivistas y consumistas características de la globalización neoliberal y las grandes urbes, el mundo se enfrentará a un colapso civilizatorio, tal y como sucedió en épocas pasadas, por ejemplo, con la decadencia y caída del Imperio romano. Esta idea ya ha sido etiquetada con un neologismo: la colapsología que designa el estudio del colapso de la civilización industrial. El geógrafo y biólogo estadounidense Jared Diamond acuñó el término en 2005 en su obra *Colapso: cómo las civilizaciones deciden caer o sobrevivir* (Diamond, 2005), y cada vez más voces defienden que esta situación de colapso no supondrá un acontecimiento cataclísmico a partir del cual habrá un nuevo comienzo, sino un largo proceso de entropía y desintegración como sucediera con todas las grandes civilizaciones del pasado (Arboleda, 2021: 125).

El problema fundamental es que esta crisis que es sin duda el mayor desafío que enfrenta la humanidad, es resultado de un conjunto de políticas de desarrollo impuestas por las democracias liberales occidentales. Conviene recordar que la democracia liberal y capitalista es y ha sido el gran proyecto sociopolítico de nuestro tiempo (Berekashvili, 2018). La respuesta a esta crisis y a otras amenazas como las desigualdades planetarias o el terrorismo estuvo marcada por el desarrollo como modelo económico-político y científico-tecnológico occidental, que habría tenido que difundirse globalmente, con resultados contrarios a las expectativas (Vitale, 2017). Según este autor, las democracias liberales alimentaron el calentamiento global y luego han sido y parecen ser incapaces de combatir o limitar sus consecuencias: «no parecen estructuralmente adecuadas para impedir el triunfo del economicismo y la financiarización del mundo» (Vitale, 2017) a tenor de lo expuesto en la introducción de confusión permanente entre intereses públicos y privados-empresariales (Crouch, 2004). Frente a la gran promesa de la democracia de formar ciudadanos responsables y de dar respuesta a dichos desafíos, esta parece haber derivado a un mero instrumento de fortalecimiento de las posiciones dominantes de las élites gobernantes liberales (Berekashvili, 2018) mientras se desatendían dichas necesidades y continuaban aumentando las desigualdades, entre el norte y el sur, entre ricos y pobres, y entre territorios urbanos bien insertados en la globalización frente a periferias urbanas (Guilluy, 2014) y sobre todo rurales crecientemente olvidadas y vaciadas de personas y actividades. Este mantenimiento cuando no ensanchamiento de las brechas entre dichas esferas ha alimentado la crisis de las democracias liberales y como analiza Castells (2017), ello se traduce en una creciente desafección y resentimiento en numerosas ruralidades, como veremos a continuación.

Una tarde me encontré con uno de los pocos pastores ovinos que aún quedan en la ruralidad ibérica. El hombre, de unos 55 años, llevaba toda la vida trabajando de pastor. Confesaba ser terraplanista, antivacunas y estaba convencido de la alteración climática por las estelas de condensación de los aviones y de que la mitad de lo que comemos está envenenado. También habló con tristeza de que era el último pastor, de que su oficio apenas da para vivir, del sacrificio que supone y de que sus hijos ya no continuarían con la explotación familiar.

El sociólogo francés François Dubet habla de cómo las sociedades actuales se caracterizan por un régimen distinto de desigualdades. Mientras que durante el capitalismo industrial el régimen de desigualdad era entre clases sociales, las clases obreras y trabajadoras tenían consciencia y orgullo de su clase y se movilizaban colectivamente para mejorar su situación, en la actualidad la sociedad ha transitado hacia un régimen de desigualdades múltiples (Dubet, 2020). Durante el régimen de desigualdades previo, el lugar en la división del trabajo era central: las posiciones sociales se definían por el trabajo y la renta y por lo tanto el acceso de bienes. Las clases burguesas tenían acceso a coche y vacaciones en avión y las clases obreras no, pero hoy casi todo el mundo de los países ricos tiene acceso a un coche o puede tomar un vuelo, pero las diferencias se ven en el tipo de vehículo y la duración de las vacaciones. La posición social se expone sin cesar a través de un consumo diferenciado por el tipo, el precio, la marca y la categoría, que exacerba los procesos de distinción (Zubillaga, 2021).

En la actualidad, las desigualdades se han multiplicado e individualizado, transformando la vivencia que tenemos de ellas. Los criterios para percibir desigualdades se multiplican: desigualdades por patrimonio, salud, modelo de consumo, movilidad social, seguridad, etc. Joan Romero habla de una nueva geografía de las fracturas: en la distribución de la renta y de la riqueza, en el empleo, educativas, residenciales, culturales, digitales, de edad, de género, interclasistas e intraclasistas, y finalmente fracturas políticas (Romero, 2019: 68). En este contexto, cada uno se ve enfrentado a diversas desigualdades que se viven como una experiencia singular, una humillación, una sumatoria de pruebas individuales que ponen a los sujetos en entredicho a escala personal, fuera de las categorías colectivas que daban un sentido compartido (Zubillaga, 2021). Para otros autores como Arias (2024: 20), el problema es la radicalización de los presupuestos del liberalismo democrático: la exaltación de la autonomía personal y de la diversidad social complican la creación de una voluntad colectiva, obstaculizando la deliberación pública. La conciencia de una desigualdad común es frágil y pareciera que cada cual está interesado en defender su propia posición relativa. Esto es especialmente visible con el comportamiento de las élites. En un excelente trabajo de Joan Romero y Antonio Ariño se analiza cómo son especialmente los más ricos los que han protagonizado una secesión espacial y moral sin precedentes (Ariño y Romero, 2016: 15). Este proceso de desanclaje financiero, económico, político, cultural, moral y residencial de las élites en relación con la sociedad en la que se hallan nacionalizadas y tributan (Ariño y Romero, 2016: 16) y la impunidad con la que lo consiguen, es todo un síntoma de la época de ruptura y separaciones en la que vivimos.

De esta forma, la frustración individual no se transforma con facilidad en experiencia y acción colectiva. Ya no resulta útil organizarse para luchar colectivamente contra una determinada desigualdad o asociarse a otros y organizarse para exponer públicamente nuestras opiniones y emociones, porque internet funciona como una suerte de altavoz que permite a cada individuo defender su propia causa y mostrar su indignación sin que haya una convergencia de luchas (Dubet, 2020). Además se percibe una frustración de derrotas colectivas del pasado a partir de años de lucha social, con por ejemplo la situación de los jóvenes que viven vidas mucho más precarias que la de sus padres. Un colectivo social especialmente impactado por este régimen de desigualdades son las clases medias cada vez más inseguras, fragmentadas y, en parte, replegadas y radicalizadas hacia nuevos e inciertos contextos marcados por una imparable «carrera hacia abajo» (Romero, 2019: 66).

Dentro del medio rural una de las desigualdades más claras es la desigualdad territorial, tanto entre territorios rurales, como entre territorios rurales y urbanos. Esta desigualdad territorial parte de la premisa de que la ciudad es un ente superior en todos los aspectos al medio rural y por lo tanto se merece un trato preferente por parte de los poderes públicos. Es lo que se puede denominar como urbanocentrismo. De esta manera tanto la población urbana, como buena parte de la rural considera como normal el que en cualquier barrio de cualquier ciudad haya un acceso rápido y seguro a servicios básicos, una política cultural que subvencione todo tipo de actividades, o una política pública de acceso a la vivienda, pero en el medio rural no. Esto desemboca en no pocas desigualdades territoriales entre el mundo rural y el urbano. Al igual que el feminismo identificó el patriarcado como su enemigo, identificar como enemigo el urbanocentrismo y la desigualdad territorial es quizás una de las tareas pendientes de la ruralidad. Una parte no menor de la sociedad rural está totalmente impregnada de esta visión urbanocéntrica que exalta lo tecnológico, lo urbano y lo digital frente a los conocimientos y culturas propias de las sociedades rurales hasta el punto de que hoy en día en ocasiones es imposible distinguir entre un adolescente que crece rodeado de asfalto de uno que lo hace rodeado de naturaleza: su dependencia del móvil, sus problemas de ansiedad y falta de concentración, su falta de contacto con la naturaleza y sus aspiraciones de vivir en una gran ciudad o en una profesión tecnológica son casi las mismas, aunque las posibilidades de acceso a servicios, ocio, cultura u oferta educativa son muy dispares. Se trata de una desigualdad más que se une a las desigualdades en el ámbito laboral, social o económico.

Las frustraciones del régimen de desigualdades múltiples se traducen en resentimiento e indignación y un aumento de la inseguridad y la incertidumbre (Romero, 2019). Estas son las pasiones tristes: la ira y la frustración que ya no necesitan partidos ni sindicatos (Dubet, 2020), y favorecen a los partidos populistas y de extrema derecha. El enemigo no es el capitalismo financiero, global y digital que ha ido erosionando la soberanía de los estados y por lo tanto su estado de bienestar, las clases sociales y también las sociedades rurales. El enemigo parece ser las personas mucho más próximas: los propios vecinos, ya sean los pobres que reciben aún algún tipo de subsidio social, los extranjeros migrantes de bajos ingresos, las mujeres para algunos hombres que ven peligrar sus privilegios, o las sociedades rurales respecto a la ciudad. Este resentimiento se debe menos a las desigualdades sociales y más al miedo a perder la propia posición en el régimen de las desigualdades. El miedo es según el filósofo italiano experto en fascismo Antonio Scurati la base de todas las pasiones tristes (Scurati, 2024). El auge de las ideologías de extrema derecha en Europa, y muy especialmente en sus áreas rurales, se debería a este régimen de desigualdades múltiples y el final de la fe en el futuro y la promesa de la historia de una continua mejora de las condiciones de vida de las generaciones venideras. Estas ideologías, al igual que hiciera Mussolini, han sabido utilizar el miedo como mecanismo de seducción política (Scurati, 2024). Este miedo multiplica las pasiones tristes como la ira, la vergüenza y la desesperanza (Castany, 2022) y provoca el repliegue hacia una identidad nacional donde se esconden todos los miedos del tiempo y todas las pulsiones oscuras (Mbembe, 2023: 98).

Y es que si hay un territorio donde las pasiones tristes han proliferado es justamente en las ruralidades capitalistas del norte global. En unas sociedades en crisis desde hace siglos, que se han convertido en parques temáticos para urbanitas, zonas de sacrificio ambiental para energías renovables y territorios donde ni siquiera es posible vivir dignamente de su papel histórico de proveer de alimentos a la ciudad, el miedo y la inseguridad se han apoderado de una parte importante de las sociedades rurales, sociedades que han experimentado cuatro divisiones colonizadoras en los últimos siglos que han destruido casi por completo sus tejidos sociales:

> «El miedo es una amalgama de pasiones tristes que nos sume en la más profunda de las impotencias. Es el alfa y el omega de la impotencia. Su primera dentellada se llama auto odio. Tememos no ser o no llegar a ser lo suficientemente buenos o dignos» (Castany, 2022).

Cuando el tejido social se rompe, cuando el miedo se filtra por los ánimos humanos, el caldo de cultivo más proclive para el totalitarismo y la manipulación está servido (Filosofia&Co, 2022). Por eso nuestro pastor habla de terraplanismo y vacunas. El miedo y las pasiones tristes abonan el terreno para todo tipo de teorías de la conspiración que se fundamentan en la desconfianza hacia el Estado (particularmente hostil con las áreas rurales), la ciencia, los medios de comunicación o la política convencional. Y por eso los partidos populistas y de extrema derecha viven un momento de auge, sobre todo aupados por sociedades rurales profundamente resentidas. El caso más palmario es el de las elecciones de noviembre de 2024 en Estados Unidos, donde Donald Trump obtuvo una victoria incontestable. Estados federados con una economía basada en la agricultura votaron masivamente por el populismo de Trump, superando en algunos casos el 66 % de intención de voto en Dakota el Norte, Oklahoma o Wyoming. Incluso en algunos condados rurales de Texas el voto por Trump superó el 90 % (*ABC news*, 2024). Estados de tradición demócrata como California, muestran una clara brecha electoral entre un litoral urbanizado, industrial, multicultural, globalizado y desigual, frente a un interior más rural, agrícola y menos multicultural, como se muestra en el siguiente mapa. No obstante, una de las noticias más destacadas de estas elecciones fue el importante apoyo que las comunidades latinoamericanas brindaron al candidato republicano, pese a su discurso claramente xenófobo y racista, de modo que varios condados con mayoría latinoamericana votó por Trump en esas elecciones.

Las ruralidades capitalistas viven el tiempo de las indignaciones, pero más como válvula de escape que como germen de un programa político (Dubet, 2020). Al mismo tiempo, pese a que están completamente desarticuladas por el capitalismo, se consideran la esencia de la nación, una nación amenazada por inmigrantes y por lo tanto encuentran atractivos discursos populistas que hablan de volver a la nación cerrando fronteras, protegiendo al «pueblo» y la economía local frente a la globalización y desplegando un programa político basado en un Estado fuerte y un patriotismo nostálgico en muchos países europeos y Estados Unidos de supuestos pasados gloriosos e imperiales, tal y como reza el movimiento de *Make America Great Again*. La indignación de muchas sociedades rurales de verse desposeída y dividida por la multiplicación del régimen de las desigualdades múltiples las ha convertido en el mayor soporte de discursos populistas de esta índole.

El medio rural capitalista está en plena crisis. Una vez las viejas ruralidades fueron devaluadas, desarticuladas cuando no directamente destruidas, ahora las nuevas ruralidades capitalistas y productivistas también lo son. Tras la Segunda Guerra Mundial estas ruralidades estaban en Europa en su máximo esplendor. Los agricultores en países como Suiza eran considerados como héroes nacionales, puesto que consiguieron alimentar a todo el país durante la guerra y preservar así su soberanía alimentaria y económica. Había un relato social sobre el papel del medio rural. Hoy en día la agricultura en Suiza se ve como una carga para el Estado y quien trabaja la tierra ya no es un héroe nacional (Hofmann, 2024). Las ruralidades capitalistas especializadas en minería, agroindustria, ganadería intensiva, producción de energía o turismo ven, como se analizó previamente, completamente cuestionado su futuro inmediato con desafíos como el cambio climático o la globalización neoliberal y las desigualdades que sigue generando. Curiosamente la reacción frente a estas amenazas se centra en muchos casos en su negación, para transformarse en ira y frustración y no en el origen de esta crisis que son las múltiples desigualdades dentro y fuera de las sociedades rurales, sobre todo frente a la ciudad, que también se convierte en el discurso populista en el blanco perfecto de la indignación rural en países como Estados Unidos.

Las ruralidades capitalistas tienen dos caminos en este contexto de multicrisis global. Por un lado pueden construir un nuevo relato basado en las pasiones tristes buscando un modelo de nacionalismo populista que podría mediante medidas ultraproteccionistas conseguir relanzar la producción nacional y de cierre de fronteras, pero que poco o nada tiene que hacer frente a desafíos complejos como el cambio climático, la sexta extinción de biodiversidad, o las corrientes migratorias procedentes de ruralidades que llevan décadas en colapso. Sería el triunfo de las políticas del miedo que tan nefastos resultados tuvieron en países europeos donde triunfó el fascismo o el nazismo.

La alternativa a esta hoja de ruta es, de nuevo siguiendo a Dubet (2020), comenzar a luchar contra las desigualdades intolerables, tanto las grandes como las pequeñas, y en especial en el medio rural. Frente a una ruralidad y una sociedad de desigualdades múltiples la alternativa pasa por la construcción de una nueva ruralidad que tenga como fundamento la lucha contra las desigualdades que Estado y sobre todo mercado en forma de capitalismo neoliberal y financiero han impuesto a toda la sociedad, sobre todo las capas más frágiles como son las clases trabajadoras y la población rural. Se trata de construir una nueva ruralidad que apueste por una militancia alegre frente a las pasiones tristes, que visibilice no solo los problemas que generan inseguridad, sino también los esfuerzos que todo tipo de colectivos y profesionales como médicos o maestros realizan para precisamente cubrir las necesidades de la población. Esta idea de nueva ruralidad también plantea cambiar el papel hacia una ruralidad multifuncional, que ni pretenda regresar a un modelo productivo intensivo, ni tampoco que se relegue al papel de ruralidad postproductiva que funciona básicamente como escenario o fondo de pantalla de ordenador, un paisaje idílico y fosilizado para el residente y turista urbanita y neorrural. Se trata en definitiva de proponer una nueva ruralidad crítica con la modernidad capitalista, pero que construya un relato de esperanza en un mundo de incertidumbres.

5. ¿Y AHORA QUÉ?

Nueva ruralidad como ruralidad disidente

Una breve historia

Para responder a la pregunta de «¿ahora qué?» ponemos la lupa sobre aquellos fragmentos de sociedad y territorios que todavía no han asumido plenamente todos y cada uno de los imperativos de la modernidad neoliberal, básicamente territorios rurales. Y no los han asumido no porque estos medios rurales sean «aldeas de Astérix resistentes» frente a las oleadas uniformizadoras del capitalismo, o territorios guardianes de las esencias y tradiciones que muchos votantes parecen añorar. No hay que engañarse: como se ha visto, hoy en día la inmensa mayoría de las personas que vivimos en el medio rural somos igual de urbanas que cualquier habitante urbano: no siempre compramos como nuestra habitante rural Sofía en el mercado, sino en grandes superficies muchos productos procesados, tenemos móvil, ordenador portátil y redes sociales y consumimos los mismos productos culturales, moda y ocio que cualquier otro habitante y quien puede viaja también a destinos exóticos o está al tanto de las series de moda. No se trata aquí ni mucho menos de idealizar la vida de pueblo ni un canto nostálgico a un supuesto pasado idílico de comunidades rurales en perfecta armonía entre ellas y con la naturaleza para hablar de una nueva ruralidad y una alternativa a la crisis de las democracias liberales. Ahora bien: el medio rural todavía queda lejos para algunas cosas, no solo las ciudades, sino de los centros de poder y de muchos intereses empresariales comenzando por el inmobiliario. Muchos pueblos tienen una morfología peculiar que dificulta incluso la movilidad en coche, y también en algunos casos conservan tradiciones, sociabilidades, actividades y costumbres completamente ajenas a lo que podría considerarse una vida plenamente capitalista o al relato de progreso, felicidad y ascenso social que en muchas ruralidades o fue un episodio fugaz o ni siquiera existió. Frente a la apisonadora del capitalismo global, se muestra la idea de una nueva ruralidad que ha de partir de una vuelta a la casa de los abuelos, donde existe un confort y una calidad de vida sin necesidad de prisas, alta tecnología ni de alimentos ultraprocesados.

El concepto o la idea de nueva ruralidad no es nuevo, puesto que ya tiene un cierto recorrido sobre todo en círculos académicos, aunque solo en los últimos años ha trascendido a otros ámbitos como algunos activismos rurales y políticos. Este concepto se remonta como mínimo a los años 90 del siglo XX. Terry Marsden, experto en espacios rurales, hablaba de una nueva ruralidad postproductiva (Marsden, 1998) con la gran novedad de que esos espacios otrora bastante autónomos y productivos parecían estar transitando hacia nuevos espacios mucho más interrelacionados tanto con los espacios urbanos, como con espacios a otras escalas distintas de la local. Esto es consecuencia de los profundos cambios económicos que supone la crisis de las viejas ruralidades, pero también de las ruralidades productivas y capitalistas, que lleva a su vez a un cambio demográfico profundo con una tendencia histórica al éxodo rural y la despoblación, pero también a un aumento de la inmigración hacia algunas áreas rurales atraídas por el modo de vida más tranquilo dando lugar a un cambio espacial fundamental: la transición de paisajes de producción a paisajes de consumo (Cloke, 2006). Este gran cambio está relacionado con la aparición del fenómeno neorrural y del idilio rural explicado anteriormente. Según este autor:

> *La sociedad rural y el espacio rural ya no pueden considerarse como un todo. Más bien, la ruralidad se caracteriza por una multiplicidad de espacios sociales que se superponen en un mismo espacio geográfico por lo que, si bien los espacios geográficos de la ciudad y el campo se han difuminado, es en la distinción social de la ruralidad donde se mantienen las diferencias significativas entre lo rural y lo urbano.*
>
> (Cloke, 2006: 19).

Esta difuminación entre lo rural y lo urbano sobre todo lo sitúa Cloke (2006) en las dinámicas de crecimiento urbano difuso de las áreas metropolitanas con dinámicas de urbanización de baja densidad, proliferación de centros comerciales y de ocio y vías de comunicación en entornos agrícolas y naturales. Así, en Francia Mora et al. (2007) dibujan una prospectiva para 2030 de una nueva ruralidad caracterizada por su fuerte dependencia e interrelación con los espacios urbanos, aunque esta definición de nueva ruralidad es criticada por Rieutort (2012), ya que se concibe como una serie de espacios intersticiales, residuales condenados a desaparecer con la modernización urbana.

En síntesis el término de nueva ruralidad, se emplea desde finales del siglo XX en Europa para describir genéricamente las maneras de organización y el cambio en las funciones de los espacios tradicionalmente «no urbanos»: aumento en la movilidad de personas y bienes, deslocalización de actividades económicas, nuevos usos especializados no siempre productivos (industria, segunda residencia, lugares turísticos y de interés natural), surgimiento de nuevas redes sociales, así como diversificación de usos (residenciales, de esparcimiento y productivas), que los espacios rurales ejercen de manera creciente (Linck, 2001, p. 94). Por lo tanto el elemento definitorio fundamental de la nueva ruralidad sería su reconfiguración como espacios posprodutivos. Un ejemplo claro es todo el conjunto de territorios periurbanos crecientemente metropolitanizados. De hecho volviendo al caso francés una característica definitoria de algunas de estas nuevas ruralidades profundamente dependientes de las aglomeraciones urbanas sería el bajo nivel de «economía presencial» (Mora, 2008). Este concepto no solo se refiere a que en muchas poblaciones rurales no lejanas a ciudades en pleno horario laboral la población presente es quizás menos de la mitad de la empadronada, sino que además la actividad económica y de servicios prácticamente ha desaparecido: ni bares, ni colegios, ni comercios, ya que estos son prestados por la ciudad durante la jornada laboral y el pueblo se ha convertido básicamente en un barrio dormitorio de la ciudad.

No obstante la acepción de nueva ruralidad varía sustancialmente en otros contextos geográficos como los países periféricos del capitalismo. Aquí se basaría en las ruralidades que se configuran como consecuencia de un profundo reajuste productivo fruto de la globalización neoliberal (Kay, 2009; Teubal, 2018). Esta irrupción consistió en una expansión de las relaciones de mercado y una mercantilización de numerosas esferas de la actividad económica, social y cultural que anteriormente no estaban incorporadas a él, como también se ha visto en capítulos anteriores. Asimismo, se refiere a una serie de procesos que contribuyen a la integración de las diversas partes de la economía mundial en aras de la constitución de un auténtico «mercado mundial». Uno de los grandes impactos de la globalización neoliberal se dio en el mundo del trabajo y de la producción rural:

> «Los campesinos y productores agropecuarios de América Latina tradicionalmente cultivaban frutas y legumbres para el autoconsumo o para mercados locales y/o nacionales. Sin embargo, en años recientes estos se transformaron en importantes productos de exportación, impulsados por las grandes corporaciones agroindustriales. En muchos casos las exportaciones no tradicionales reemplazaron la producción de alimentos básicos, generándose escaseces y alzas de sus precios, afectando de este modo a la población más pobre de la comunidad» (Teubal, 2018).

Por lo tanto la supuesta nueva ruralidad que se forja desde finales del siglo XX no parece tan nueva en realidad. Se trata básicamente de un paso más en el proceso de integración forzosa de la ruralidad al capitalismo global. Mientras que en los países del sur reforzó su carácter agroexportador y la especialización productiva profundizando las lógicas extractivistas, en los países centrales pasó a ser más importante su rol como espacio residencial y turístico, relegando a un segundo o tercer plano su función productiva, salvo algunas excepciones notables en que se han ido especializando en producción de energía, o bien en producción intensiva agrícola y ganadera. Por lo tanto, como escribe Bengoa (2003), afirmar que existiría una «nueva ruralidad» significaría que a lo menos se han producido cambios fundantes de importancia, nuevos sujetos, nuevas relaciones productivas y nada nos dice que aquello ocurra de una manera homogénea y definitiva.

Hacia una definición de nuevas ruralidades

Antes de proponer una definición de lo que entendemos por nuevas ruralidades es importante realizar un breve repaso a lo que académicamente se consideran que deberían ser los criterios a tener en cuenta para definir este concepto. Para Cloke (2006), para una adecuada conceptualización de la ruralidad es necesario tener en cuenta tres grandes marcos teóricos. El primero de ellos sería el marco teórico funcional clásico que acota la ruralidad a territorios con usos extensivos agrícolas y silvícolas, con una red de pequeños asentamientos urbanos con una estrecha relación entre edificios y sus paisajes circundantes percibidos como rurales por sus habitantes. En segundo lugar, propone un marco teórico político-económico en el que existe una conexión creciente de las áreas rurales con dinámicas nacionales e internacionales, y por lo tanto una gran difuminación de los límites entre lo urbano y lo rural y una creciente hibridación entre ambas esferas con dinámicas de periurbanización, contraurbanización y rururbanización, de forma que no se podría hablar de ruralidad como un sujeto político propio o un mundo claramente definido. Por último propone un marco teórico social para explicar y analizar lo rural a partir del fascinante mundo de valores sociales, morales y culturales asociados a lo rural. Se estudia cómo se construyen, negocian e idealizan las visiones idílicas e idealizadas de lo rural.

Por su parte analizando el contexto latinoamericano la nueva ruralidad latinoamericana se definiría como se ha comentado a partir de la irrupción de la globalización neoliberal (Kay, 2009; Teubal, 2018), que como también se ha analizado, contribuye de manera decisiva desde finales del siglo XX a desarticular todo tipo de sociedades rurales, pero esta vez sobre todo en países pobres. En el contexto latinoamericano más que debatir el concepto de ruralidad, sobre todo hay aportaciones sobre cómo desarrollar e intervenir en las ruralidades diversas que se enfrentan no solo a los desafíos y contradicciones de la globalización neoliberal, sino también al cambio climático y las desigualdades sociales. Para Kay (2009) estas aportaciones se pueden dividir en tres grandes corrrientes: las propuestas reformistas para que a través de la política pública se puedan reducir los efectos negativos de la globalización y aprovechar sus ventajas, la propuesta de una nueva ruralidad comunitaria que se basa en tres principios fundamentales: autonomía, autosuficiencia y diversificación productiva (Barkin, 2001a: 33) y por último las corrientes «territoriales» que proponen un enfoque caracterizado por la formulación de políticas de desarrollo rural y proporciona un análisis más fundamentado al reconocer las interacciones de las áreas rural y urbana en una cierta configuración espacial. Muy relacionado con esta propuesta de Kay (2009) está el estado de la cuestión de la nueva ruralidad presentado por Ruiz y Delgado (2008) en la que distingue cuatro bloques temáticos para caracterizar y definir la ruralidad del siglo XXI. El primero de ellos, los enfoques sociológicos analíticos definen la nueva ruralidad a partir de estudios de corte sociológico y cultural que se centran en los actores y procesos en los que se desenvuelve la nueva ruralidad. En el segundo bloque, el enfoque sociológico normativo pone el acento de nuevo en el «desarrollo territorial rural» que, en cierta forma, se inscribe en la visión *neoschumpeteriana* sobre cambio tecnológico. El tercer bloque constituye un abordaje de la nueva ruralidad a partir del surgimiento de nuevos modelos espaciales por las dinámicas urbano-regionales y la multiplicación de espacios periféricos, valiosos no solo porque abordan explícitamente las relaciones espaciales entre la ciudad y su entorno, sino porque utilizan una terminología específica coincidente con el análisis de Cloke (contraurbanización, rurbanización, etc.) para referirse a los espacios periféricos, intersticiales o no urbanos, no siempre apegados a su formulación original. Por último, la cuarta sección está integrada por ensayos neomarxistas sobre la desagrarización del campo, que si bien se refieren al mismo proceso que la nueva ruralidad y otras perspectivas cercanas, lo hacen bajo un punto de vista diferente y con consecuencias políticas radicalmente distintas (Ruiz y Delgado, 2008).

Sea cual sea el enfoque mostrado, hay dos características comunes a las ruralidades tanto del norte como del sur global que son esenciales considerar en cualquier propuesta de una nueva ruralidad. La primera es la falsa idea de una ruralidad prístina, originaria y guardiana de las esencias a la que con frecuencia aluden con nostalgia ciertos discursos reaccionarios. En un mundo globalizado, inundado por la tecnología y la cultura capitalista no existen apenas ruralidades no capitalistas puras más allá de algunos casos aislados de pueblos indígenas que han sobrevivido a la modernidad sin contacto con el hombre blanco en países como Brasil, Congo o Papúa Nueva Guinea.

La segunda característica es el proceso histórico ya analizado de transformación de casi toda la ruralidad en territorios de producción y servicio al capitalismo primero industrial y luego financiero. Lo que hoy conocemos como espacios rurales son ante todo territorios como se ha explicado, que fueron poco a poco desarticulados por la penetración del capitalismo llevando a cabo un intenso proceso de *descampesinización* y *desartesanización*. La *descampesinización* es la desaparición gradual del campesino como pequeño productor, dueño de la tierra, que no se inserta en las formas de producción agroindustrial y que no encajaba en el ciclo de acumulación del capital, ahora globalizado y del cambio tecnológico general (Pradilla, 2002, citado por Ruiz y Delgado, 2008). Tal y como se explicó, la constitución de una acumulación originaria puso en marcha todo el proyecto político del capitalismo de sometimiento de sociedades, naturalezas y cuerpos al servicio de la producción y reproducción del capital. Para Wallerstein las dos principales estrategias del capital global para superar la crisis cíclica de largo plazo son la valorización de los recursos naturales y la urbanización del campo a través de la desruralización (Wallerstein, 1984). En esto coincide Harvey en tanto en cuanto la urbanización, también del campo, responde ante todo a la necesidad de reinvertrir la plusvalía generada por la actividad capitalista profundizando en las lógicas de acumulación por desposesión (Harvey, 2012).

> «La urbanización ha sido uno de los medios clave para la absorción de los excedentes de capital y de trabajo durante toda la historia del capitalismo. Ejerce una

función muy particular en la dinámica de acumulación del capital debido a los largos periodos de trabajo y de rotación y la larga vida de la gran mayoría de las inversiones en el entorno construido. También tiene una especificidad geográfica única que convierte la producción del espacio y de monopolios espaciales en parte intrínseca de la dinámica de acumulación, no solo en virtud de las pautas cambiantes de los flujos de mercancías en el espacio, sino también en virtud de la propia naturaleza de los espacios y lugares creados y producidos en los que tienen lugar tales movimientos» (Harvey, 2012: 73).

Por lo tanto la ruralidad nueva o vieja no solo sería necesaria como espacio de producción, por ejemplo a partir de la proletarización de la fuerza de trabajo o la continua mecanización e introducción de nuevas tecnologías, sino sobre todo como espacio de consumo para el mercado inmobiliario movido por la irrefrenable necesidad de absorber los excedentes del capital. Ahora bien, como señalan Ruiz y Delgado (2008), existe una importante distinción en este proceso de acumulación entre los países del centro y los de las periferias:

«Mientras que en las áreas centrales del capital global la fuerza de trabajo modernizó y amplió su capacidad de consumo, en las periferias se reproducía en unidades domésticas semiproletarias. Aquí es donde entra la idea de la desruralización como salarización a la baja de aquella fuerza de trabajo que todavía se mantiene en actividades económicas de subsistencia, aunque sea temporalmente. Se integra a la economía monetarizada por un (bajo) ingreso salarial (sin prestaciones), a condición de que su reproducción continúe dentro de unidades domésticas (sin servicios) en áreas no urbanas, que no implican costos de urbanización y no están sujetas a normatividad ambiental o salarial o bien no se aplica» (Ruiz y Delgado, 2008).

A partir de estas dos consideraciones y después de analizar todas estas corrientes y enfoques que han propuesto acotar y actualizar la noción de ruralidad, a continuación se propone una definición de nueva ruralidad a tenor de todo lo expuesto hasta este punto, en especial de las grandes rupturas y separaciones del capitalismo. Entendemos por nueva ruralidad no un modelo unitario, sino un mosaico diverso de sociedades rurales que tienen como visión común la necesidad de alejarse o incluso romper con el paradigma dominante del capitalismo global y urbanocentrista, el crecimiento y la acumulación, así como de las pasiones tristes fruto de la desafección anteriormente analizada, por lo tanto una ruralidad postcapitalista (Gallent et al., 2025). La primera idea es que no existe una sola nueva ruralidad, en tanto en cuanto hay diferentes acepciones y modelos según el territorio que se considere o el marco teórico y disciplina académica que se emplee. En este sentido en la nueva ruralidad se refleja una amplia diversidad inserta en estos espacios (Querol, Ginés y Aparici, 2019: 177). La segunda idea es que estas nuevas ruralidades, más que territorios o sociedades concretas, son más bien un conjunto de prácticas: usos, costumbres o fragmentos de relaciones sociales y de producción que se dan aún en muchos espacios rurales que se escapan de la lógica capitalista, pero que no son tampoco un ejemplo de vieja ruralidad precapitalista, sino más bien proyectos políticos disidentes ejemplificados en multitud de pequeñas comunidades campesinas, ecoaldeas, comunidades intencionales o anticapitalistas. La tercera idea y fundamental es que las nuevas ruralidades son espacios sociales en permanente construcción y transformación, con lo que además de un conjunto de prácticas, es ante todo una agenda de futuro para una transición ecosocial. En esta parte final del trabajo desarrollaremos sobre todo una idea de nuevas ruralidades disidentes, más que una descripción y valoración de experiencias reales, locales, regionales, políticas o no de nuevas ruralidades. No somos partidarios de desarrollar «buenas prácticas» o «espacios rurales-modelo» que encajarían con nuestra definición de nueva ruralidad, puesto que cada sociedad rural tiene unas condiciones propias difíciles de imitar en otros lugares, aunque sí se ofrecerán algunos ejemplos de prácticas y nuevas ruralidades en construcción.

Principios de una nueva ruralidad

Si las sociedades rurales fueron despojadas de sus medios de producción y reproducción según Marx (2018), una nueva ruralidad ha de construirse desde la base de crear o recuperar sus medios de producción. Por lo tanto los dos principios políticos fundamentales de una nueva ruralidad poscapitalista son por un lado sacar bienes y servicios del circuito del capital y generar subsistencia. Son muchos los autores/as desde distintas disciplinas y contextos territoriales que abogan por esta nueva ruralidad. Barkin por ejemplo propone construir nuevas ruralidades comunitarias en base a tres principios fundamentales: autonomía, autosuficiencia y diversificación productiva local (Barkin, 2001: 33). Generar autosuficiencia y autonomía productiva es la vía hacia el retorno de la producción de bienes y servicios al seno de una comunidad y fuera del mercado capitalista. No se trata de volver la vista atrás y buscar con un cierto idealismo erróneo un modelo de sociedad aislada y autárquica, sino más bien diversificar su sistema de producción para que las comunidades mejoren su capacidad y su poder de decisión sobre cómo y hasta qué punto se integran al mercado (Kay, 2009), con una total redefinición del papel a desempeñar por la mujer y personas LGTBiQ+ tradicionalmente ausentes de estos discursos. En su intento de alcanzar estos tres objetivos, los miembros de la comunidad comprenden que deben defender sus sistemas productivos tradicionales, así como su cultura, y reforzar su organización comunitaria. Para ello resulta indisociable la lucha contra las desigualdades múltiples relatadas por Dubet (2020) y que son la base de las pasiones tristes.

Por su parte Mies y Bennholdt-Thomsem (1998) también coinciden en la necesidad de generar autonomía, sobre todo a partir del concepto de subsistencia. No se trata tanto de implantar o diversificar nuevas actividades productivas, sino primero que todo recuperar sus oficios y culturas perdidos, o mercantilizados. Frente a la desvalorización de lo rural, se propone revalorizar lo rural comenzando por el trabajo femenino:

> «Lo que queremos demostrar es que subsistencia no solamente significa trabajar duro y vivir una existencia marginal, sino también una vida de disfrute, de felicidad y de abundancia. Para entender la subsistencia desde esta perspectiva es necesario que la gente, sobre todo las mujeres, dejen de desvalorizar su propio trabajo, su propia cultura y su propio poder, y dejen de esperar que la buena vida les sea dada por "los de arriba". La devaluación de uno mismo es consecuencia de la colonización forzada pero ha sido internalizada por todos los pueblos colonizados, incluidas las mujeres. Esta situación se

mantiene al presente a través de las falacias promovidas por los conceptos de desarrollo y consumismo, supuestos mecanismos para alcanzar e igualar a los países "desarrollados", es decir por la falsa promesa de que eventualmente todos los pueblos colonizados en la base de la pirámide social van a alcanzar el nivel de vida de los de la cúspide» (Mies y Bennholdt-Thomsem, 1998).

Una primera idea que conviene destacar aquí es la cuestión del disfrute, la felicidad y la abundancia, que es una actitud totalmente contraria al miedo y las pasiones tristes que hoy en día dominan en tanta ruralidades occidentales. El concepto de nueva ruralidad que aquí se propone es el de una ruralidad disidente construida desde la militancia y la consciencia de las opresiones y violencias a la que las sociedades rurales están sometidas. Un elemento fundamental en todo activismo, sobre todo en contextos complejos como las ruralidades actuales es precisamente la alegría y el disfrute como motor fundamental para cualquier movimiento social. Este es por tanto uno de los principios que se analizarán posteriormente. Una segunda idea a tener en cuenta a partir de la anterior reflexión es la necesidad de generar subsistencia y autonomía. Obviamente, si generar ambas cosas en especial en las áreas rurales más desfavorecidas y marginadas por el sistema capitalista fuese cosa fácil, el capitalismo no sería hegemónico en casi todas las áreas rurales del mundo. Son múltiples los obstáculos y problemas que supone en cualquier territorio pretender construir una nueva ruralidad alternativa con estos objetivos, y más aún conseguir así curar las brechas objetivas y subjetivas del mundo rural y su desafección con la democracia liberal.

De entrada como reconocen Mies y Bennholdt-Thomsen (1998), el propio concepto de subsistencia tiene una connotación peyorativa hoy en día en el imaginario común. Al equiparar progreso a crecimiento económico capitalista es difícil proponer otras nociones de progreso, por ejemplo donde como tantos movimientos sociales reclaman, la vida y no el capital esté en el centro. Si tal y como se vio estado y capital han ido siempre de la mano desde los momentos de acumulación originaria, es muy poco probable que en un estado determinado, por democrático y avanzado en derechos que esté, ponga fácil el cambio estructural que supondría que sus áreas rurales comenzasen a caminar hacia la subsistencia y la autonomía con el riesgo de convertirse incluso en sujetos políticos. Es muy difícil por ejemplo hablar de subsistencia y autonomía en las áreas rurales de Paraguay donde la mayoría de sus tierras fueron acaparadas por élites corruptas y vendidas a corporaciones internacionales para producir soja o carne de vacuno. Por ejemplo entre 1881 y 1914 el Estado había vendido o cedido un total aproximado de 26 millones de hectáreas, muchas de ellas pobladas (Barreto, 2021). El propio Barkin (2001) reconoce como principal obstáculo para su idea de nueva ruralidad comunitaria el caciquismo y diversas formas de clientelismo político.

Por todo ello proponemos no solo una nueva ruralidad, sino ante todo una nueva ruralidad disidente, plenamente consciente de las violencias que sufre y que históricamente ha sufrido, en especial mujeres y medio ambiente, y una actitud combativa frente a ellas. En una primera impresión, construir una ruralidad disidente podría hacernos pensar en un proyecto o comunidad que se aísla del mundo exterior para construir su pequeña utopía de subsistencia, autonomía y apoyo mutuo como ocurrió con algunos casos de ecoaldeas desde los años 80. Después de todo lo que se ha analizado anteriormente con las cuatro fracturas, la crisis de las viejas y las nuevas ruralidades motivadas por la expansión, penetración y crisis cíclicas del capitalismo o la crisis de las democracias liberales, esto resulta cuanto menos ilusorio. Si pensamos en la continua historia de saqueo y depredación de las sociedades rurales sobre todo en los países del sur, pero también en las periferias rurales por ejemplo españolas (construcción de grandes embalses, minas, macrogranjas y en los últimos años energías renovables), la idea de una ruralidad disidente ha de ser radicalmente distinta. Más que construir una utopía de reequlibrio con la naturaleza, trabajo comunitario y de sociedad exenta de privilegios, se trataría más bien de reforzar, amplia, apoyar o poner en marcha como se ha comentado anteriormente una serie de «prácticas de las tres A»: Alegría, Autonomía y Autosuficiencia. Estos principios se desarrollan en el siguiente capítulo.

Los principios de una nueva ruralidad disidente: alegría, autonomía y autosuficiencia

Militancia rural alegre y combativa

Cuando el desencanto es tradición
El entusiasmo es una disidencia
Biznaga (2024)

Puede resultar dificil pensar con un talante de alegría y disfrute cualquier disidencia en un medio rural generalmente despoblado, desarticulado y sometido a todas las violencias explicadas anteriormente. El conformismo, el derrotismo, la desafección y la resignación son y han sido durante siglos características comunes y estrategias de supervivencia de muchas sociedades rurales ante las violencias del Estado o del capital. En el medio rural europeo, y particularmente en el español, la presencia del Estado en forma de Ayuntamientos, fuerzas de seguridad o administaciones regionales es en muchas ocasiones el mejor freno a cualquier iniciativa de hacer política en el medio rural, ya sea por falta de presupuesto, pero casi siempre porque puede contravenir o cuestionar alguna normativa vigente. Por ello, la tarea de transformar las actuales viejas ruralidades, o rurales capitalistas en crisis, en ruralidades disidentes y alegres es una tarea que necesariamente pasa por una militancia. En la segunda acepción del Diccionario de la RAE, se define militar como: «figurar en una colectividad», que en este caso sería cualquier colectividad rural con la finalidad de asegurar su futuro y el de su entorno. Militar en tal causa puede resultar una tarea titánica e incluso utópica, pero el enfoque que aquí se defiende parte de una premisa muy básica de Bergman y Montgomery (2023), según la cual:

> «No es que las cosas puedan ser de otra manera, sino que ya lo son, y se trata de sintonizar, procurar, activar, conectar y defender estos procesos de cambio que ya están en marcha. La gente siempre está poniendo en marcha alternativas al orden dominante de las cosas, por pequeñas que sean y siempre hay nuevas conexiones y potencias a explorar» (Bergman y Montgomery, 2023).

No es necesario por lo tanto reunir a un grupo de personas convencidas para construir una nueva comunidad alternativa, ecofeminista o de apoyo mutuo para que presente una candidatura o inicie una lucha frente a las desigualdades múltiples de Dubet (2020). Cualquier lugar de cualquier medio rural es apto para iniciar esta transformación, frente a la idea muy extendida de que todo activismo, y más en el medio rural, es una empresa casi imposible. Se trata de poner el acento en las potencialidades reales y ya existentes del medio rural para construir una militancia alegre, más que en las limitaciones. En miles de comunidades rurales aún subsisten fragmentos de tradiciones comunales y personas poniendo en marcha o manteniendo actividades productivas, artísticas y sociales que ayudan a generar subsistencia y soberanía y a crear comunidades sostenibles y con un alto grado de bienestar, y sobre todo a construir una mirada distinta sobre la democracia y el Estado. Pese a que el medio rural sigue sumido en varias crisis, también es lugar de resistencia y de innovación social (Bock, 2016, citado por Gkartzios, 2025: 63) Esta militancia, como todas, ha de comenzar desde lo pequeño. Pensar en una nueva ruralidad disidente puede aplicarse a miles de pequeños proyectos existentes o no: una parcela en permacultura, la organización de una programación cultural alternativa, la restauración de un antiguo espacio comunal, la creación o fortalecimiento de una asociación de vecinos, un proyecto de restauración ambiental, etc. Desde comunidades y pequeñas cooperativas de propietarios agrícolas en Escocia a formas de economía social y solidaria en México o en el Japón rural (Gallent et al., 2025), son miles los pequeños proyectos que se podrían citar.

Ahora bien, aunque todas las ruralidades son lugares interesantes para poner en marcha un proyecto de ruralidad disidente, no siempre será igual de fácil. Las resistencias, el poder del Estado y de sus políticas colonialistas o la idiosincrasia de la gente es enormemente variable.

En una población donde hace siglos que ya no existe una comunidad como tal, donde ya no queda rastro de actividades locales, pequeños productores, bienes comunales y lo que conocemos como naturaleza es un espejismo porque fue arrasada años atrás ya fuera para roturar tierras, construir infraestructuras o plantaciones forestales, sería bastante complicado pensar en una ruralidad disidente o alegre, o siquiera en una nueva ruralidad, aunque no imposible. En cambio en una población donde aún se recuerdan tradiciones comunitarias, sigue habiendo un entorno natural vivo y sobre todo un sentimiento colectivo de crisis que anima a buscar alternativas y otras maneras de vivir lejos del conformismo, del pesimismo y miedo paralizante, puede haber un buen caldo de cultivo para comenzar esta militancia. Situar el comienzo de una militancia disidente, de un cambio estructural social desde una pequeña colectividad rural no es una novedad. El propio Marx durante su vida había sido un firme defensor de la revolución en los países más industrializados con mayor progreso histórico y de las fuerzas productivas capitalistas. Sin embargo, en sus últimos años pasa a defender lo contrario: la industrializada Inglaterra no está «más cerca» del socialismo que la atrasada Rusia rural articulada en torno a sociedades comunitarias. El carácter «ahistórico» de la comuna rural rusa (esto es, su preservación ante la «historia» (…) de la penetración capitalista) la proyecta hacia el futuro (Tarcus, 2008). No es esta una idea nueva. Chayánov construyó un sistema teórico que se conocería como Agronomía social (1985) en el que, de nuevo siguiendo las reflexiones del Marx tardío y su aceptación de la posibilidad de socialismos que no siguieran el proceso histórico del caso inglés, volvió su mirada al mundo rural y concretamente a la comuna aldeana como posibilidad alternativa para una organización social constituida por cooperativas modernas, pequeñas asociaciones de campesinos que se convertirían en núcleos de una democracia de base. Sin embargo, su reflexión no se agotó en este punto y defendió que al campesinado venía asociado un modo de producción específico y diferenciado del resto (Chayánov, 1985; Almazán, 2016: 154).

El inicio del cambio y de una militancia alegre y combativa no tiene por qué darse solamente en un campus universitario, o en un barrio de una gran ciudad, sino que puede perfectamente ser también un territorio rural, donde además la presencia del Estado y sus violencias, así como de los intereses económicos, suelen ser menos intensos en muchos casos. En este sentido se trata de aprovechar las «grietas del imperio» (Bergman y Montgomery, 2023: 51) existentes en el medio rural. Pocas posibilidades de éxito habría tenido el Ejército zapatista en cualquier gran ciudad de México, las colectivizaciones anarquistas de la guerra de España en una capital de provincia o más recientemente el movimiento de *Soulèvements de la terre* francés en París. El medio rural, sobre todo aquel que es consciente de su situación de crisis y de vaciamiento de personas y subordinación de la mujer rural, es el lugar donde comenzar la historia de una militancia rural disidente.

Pero ¿quién comienza esta historia de ruralidad disidente? ¿Quién tiene energías y tiempo para construir cualquier tipo de militancia en el medio rural con todas las dificultades reseñadas? ¿Qué hacer cuando todo parece tan complicado y ante cualquier tentativa de poner en marcha una cooperativa, una asociación de vecinos, un concejo abierto o un proyecto agroecológico se topa con todo tipo de obstáculos burocráticos, cuando no prohibiciones y sanciones o la mirada cuanto menos escéptica de familiares y vecinos? En primer lugar cabe destacar, siguiendo la premisa de Bergman y Montgomery, que estas ruralidades disidentes ya existen. Ya hay multitud de personas en muchas comunidades rurales, sobre todo mujeres y movimientos indígenas somo sujetos históricos más frecuentemente violentados, luchando por un futuro mejor para sus comunidades, luchando contra todo tipo de proyectos aberrantes de energías renovables, minas, autopistas, macrogranjas o aeropuertos diseñados desde la ciudad y básicamente para beneficio de la ciudad, denunciando estas desigualdades territoriales y todas las violencias analizadas contra la mujer, los pequeños productores, los comunales o la naturaleza. No obstante es precisamente en las ciudades donde habita gran parte de la población en condiciones precarias, con acceso deficiente a la vivienda, sin posibilidad de ahorro o incluso sin un acceso digno a la salud o la educación, donde reside el gran potencial de construir y alimentar nuevas ruralidades disidentes. Un camino para la creación y multiplicación de ruralidades disidentes pasaría por revertir el éxodo rural histórico a un éxodo urbano, ya no solo para reconstruir y reequilibrar las ruralidades en crisis, sino para abordar el problema de la radical insostenibilidad de las ciudades, o en palabras de Duch (2019), el problema de «la España llena», extrapolable a cualquier país que llevó a cabo un éxodo rural masivo y acelerado. Este nuevo éxodo o defección urbana tendría en muchos casos un carácter de retorno, puesto que una parte muy relevante de esta población urbana tiene raíces rurales, y sería ante todo una defección política, al igual que una parte del movimiento neorrural.

El filósofo italiano Paolo Virno (2016) explica la paradoja histórica de Estados Unidos en el siglo XIX. Allí las condiciones del desarrollo capitalista se daban en toda su pureza, pero muchos inmigrantes recién llegados desde Europa, después de un breve paso por la fábrica, prefirieron huir en masa del trabajo industrial capitalista sometido al patrón (Virno, 2016: 112), para asentarse en el oeste americano pasando de ser obreros (muchos de ellos habían sido además anteriormente campesinos despojados), a ser libres cultivadores. La defección y el éxodo es por lo tanto según este autor, también un camino hacia la construcción de una militancia rural y un acto de «desobediencia radical» que supondría por ejemplo dejar la ciudad y los modos de vida imperiales (Brand y Wissen, 2021) de cualquier sociedad occidental, para construir nuevas colectividades fuera del Estado, o con cierto grado de autonomía frente a éste. El éxodo como rechazo de una situación con la esperanza de otra en otro lugar es también desobediencia frente al sistema. Se trata de tomar distancia, más que de abandonar (Faburel, 2023). Según este geógrafo francés, el propósito principal de construir una militancia rural disidente sería:

> «El margen de maniobra que nos queda es reconstruir con urgencia las resiliencias locales, casi un imperativo de supervivencia y a continuación inventar nuevos modos de vidas en un futuro inmediato postpetróleo: una retirada geográfica que empieza a predecir la ciencia frente a la crisis ambiental»

Por lo tanto la construcción o fortalecimiento de una militancia rural disidente no sería solo una respuesta al solapamiento de crisis de las ruralidades capitalistas y no capitalistas, sino a todo el conjunto de crisis climáticas, de biodiversidad, alimentarias o en una palabra: de civilización. Ahora bien: un componente fundamental en esta nueva militancia rural disidente frente a muchas otras militancias es la alegría. La idea de alegría que se defiende aquí como principio implica la necesidad de construir una militancia alegre distinta de muchas militancias actuales donde imperan la rigidez, la desconfianza y la ansiedad por ser coherentes (Bergman y Montgomery, 2023). La idea de una militancia alegre parte de la autora anarquista Emma Golman: «si no puedo bailar no es mi revolución» y su crítica al puritanismo en cualquier activismo, que consideraba un «germen venenoso» (Goldman, 2006).

La noción de alegría y militancia alegre no tiene nada que ver con el manido concepto de felicidad o de buscar una vida feliz en la militancia, sino más bien un proceso de intensificación de la vida misma. Suscribimos la idea de Bergman y Montgomery (2023) de que bajo el imperio o el capitalismo, la felicidad parece ser un deber solo alcanzable a través del consumo de productos y de «experiencias» como un viaje y la infelicidad un transtorno, en concreto:

> «Mientras que la felicidad se utiliza como un anestésico adormecedor que induce a la dependencia, la alegría implica el crecimiento de la capacidad de las personas para hacer y sentir cosas nuevas que rompan esta dependencia» (Bergman y Montgomery, 2023).

La militancia alegre significa por lo tanto el enriquecimiento personal y colectivo fruto de la lucha y de la desobediencia donde se desarrolla un potencial transformador fruto de la unión entre lucha y afectos. Es todo lo contrario por lo tanto de la figura de activista rígido, despiadado y entregado únicamente a la causa que se ha comentado anteriormente, así como del vecino resentido que busca consuelo en explicaciones simples a fenómenos complejos como el cambio climático y emplea las redes sociales como instrumento de odio y propaga noticias falsas. En esta militancia se incluirían los cuidados, de manera que el activismo político no estaría separado de nuestra tarea diaria de reproducción con el fin de que se desarrollen relaciones de confianza y de compromiso (Federici, 2013). El afecto y el cuidado es por lo tanto no un impedimento, sino una parte transformadora de la misma lucha. La alegria en la militancia tiene mucho que ver con la noción de convivencialidad de Iván Ilich y supone pasar de un modelo de vida industrial a un modo de vida convivencial caracterizado por la confianza y la responsabiidad, una mayor sociabilidad, espontaneidad para romper dependencias del modo de vida productivista, individualista y capacitista (Illich, 2021).

Otro elemento fundamental de la alegría en la militancia es cambiar el fin mismo de la lucha. Frente a la idea clásica de una militancia revolucionaria que se prepara para un gran evento transformador, colapso del sistema o la caída del régimen, se trata de construir una militancia que transforma aquí y ahora, en el día a día a través del apoyo mutuo, la amistad y la (re)construcción de comunidades y bienes comunales, muchos de los cuales existían y fueron desmantelados históricamente, no solo como medio de subsistencia, sino sobre todo como espacio relacional y comunitario. Por lo tanto frente a las injusticias y brechas del medio rural, se trataría de construir colectivos con principios radicalmente democráticos frente a la crisis del Estado-Nación democrático liberal.

Se trata de ser consciente y reforzar lo que ya está ocurriendo frente a lo que debería estar ocurriendo, lo que conduce a la insatisfacción, el agotamiento y la frustración. Ahora bien: en una militancia alegre también hay frustración y agotamiento por las continuas violencias u opresiones del Estado y la vida capitalista. Hay que recordar siguiendo a Brand y Wissen (2021: XXII) que el capitalismo global descansa en gran medida en la explotación de la naturaleza y de las personas «también» en el norte global, específicamente en sus ruralidades. Por eso una militancia puede ser difícilmente alegre si tan solo se concentra en protestar o luchar dentro de los cauces establecidos por el mismo Estado: una consulta pública, una manifestación en el horario y recorrido impuestos, un recurso judicial o una reunión formal. Estas formas de protesta son perfectamente legítimas y en muchos casos fructíferas e interesantes, pero otras formas de desobediencia civil son y siempre han sido necesarias para cualquier movimiento y conquista social en la historia. Por eso se propone una militancia no solo alegre, sino también combativa. La construcción de una ruralidad disidente solo será posible si se sostiene en una militancia combativa que incorpore en su repertorio de acción formas de desobediencia civil, tal y como lo planteaba Thoreau (1849):

> «¿Debe el ciudadano someter su conciencia al legislador por un solo instante, aunque sea, en la mínima medida? Entonces, ¿para qué tiene cada hombre su conciencia? Yo creo que debiéramos ser hombres primero y ciudadanos después. Lo deseable no es cultivar el respeto por la ley, sino por la justicia».
>
> (Thoreau, 2014).

Muchas de las violencias y opresiones que están en la base del declive y destrucción de las ruralidades diversas precapitalistas siguen presentes. La desobediencia civil y la protesta combativa en muchos frentes son una vía necesaria para reclamar bienes comunales despojados, la visibilización y derechos de colectivos oprimidos como las mujeres o los pueblos indígenas o la conservación del medio ambiente entre muchas otras cosas. Un ejemplo muy claro de todo esto en países como España es el conflicto por la implantación de energías renovables en territorios rurales. En unos cuantos casos se trata de proyectos de grandes dimensiones y consecuentemente con severos impactos sobre el medio ambiente, el paisaje y la salud humana. Desde el punto de vista científico hay sobrados motivos para que muchos de estos proyectos sean retirados por las afecciones a la avifauna, los suelos, el paisaje, la contaminación acústica y lumínica y desde el punto de vista jurídico hay numerosos contenciosos en marcha por defectos de forma cuando no incumplimiento flagrante de leyes y convenios internacionales, por ejemplo de espacios naturales protegicos. No obstante muchos de estos proyectos reciben el visto bueno de las administraciones, incluyendo aquellas encargadas de velar por el bienestar de la ciudadanía o la protección del medio ambiente. En esta tesitura, acciones de desobediencia civil son el único camino posible para una militancia y una ruralidad disidente y alegre al mismo tiempo y así, siguiendo a Thoreau, cultivar el respeto a la justicia y no a la ley. De esto depende no solo el futuro de muchas ruralidades en crisis o amenazadas por proyectos y planes depredadores.

Construyendo ruralidades autónomas: concejo, familia y nuevos comunales

Autonomía y autosuficiencia pueden parecer conceptos sinónimos, pero aquí los distinguimos como complementarios. Por un lado entendemos una ruralidad autónoma en el sentido más político del término desde el punto de vista de la creación y organización de una comunidad de personas, en este caso en un medio rural. En cambio autosuficiencia se refiere aquí a los aspectos productivos y de resolución de las necesidades de esa población por sus propios medios. La propuesta de una ruralidad autónoma y autosuficiente no aboga por la transformación de las actuales ruralidades en crisis por un rosario de comunidades autárquicas, sino más bien como una serie de ideas para crear y reconstruir subsistencia y comunidad como condición fundamental para construir una nueva ruralidad disidente, combativa, democrática, decolonial y equitativa. Una ruralidad autónoma no es solo necesaria para poder fortalecer y asegurar incluso su propio futuro, sino que supone una respuesta a la triple crisis financiera, climática y ecológica a través del decrecimiento, el retorno a lo local y la desglobalización.

En primer lugar todas las ruralidades del mundo han tenido a lo largo de la historia o aún tienen alguna forma de organización política con más o menos autogobierno: consejos de aldea, concejos abiertos, consejos de ancianos, etc., ya sea un pueblo de Sarawak en Malasia, a una aldea en los Andes ecuatorianos. Estas formas de autogobierno han vivido, con mayor o menor fortuna, violencia o niveles de democracia variables, para atender las necesidades básicas desde alimentación o vivienda de los comuneros o pobladores, regular las relaciones comerciales y políticas con el exterior, a mediar en conflictos o impartir directamente justicia. Con el advenimiento de los Estados-Nación, la modernidad y la posmodernidad capitalista global muchas de estas formas de gobierno fueron eliminadas, cuando no erosionadas o totalmente vaciadas de contenido y recursos.

Como se ha visto en capítulos anteriores, muchas ruralidades se han convertido en un engranaje más de un mercado globalizado con pocos centros consumidores (incluyendo algunas áreas rurales del norte global) y muchas ruralidades periféricas productoras o receptoras de residuos e impactos de los centros de poder. Es lo que algunos autores denominan un «modo de vida imperial» basado en la desigualdad, por ejemplo entre ciudades y áreas rurales, el poder y la dominación de unos territorios sobre otros basándose muchas veces en la violencia mediante relaciones neocoloniales entre territorios, géneros y clases sociales (Brand y Wissen, 2021: 42). La mayoría de las ruralidades del mundo juegan un papel en este modo de vida imperial que es básicamente de reserva demográfica, especialmente hombres y mujeres jóvenes, o de producción de mercancías baratas incluyendo alimentos con condiciones sociales y ecológicas destructivas (Brand y Wissen, 2021: 62). En la introducción de este libro se habló de dos modos distintos de vida: uno que según el «sentido común» dominante sería moderno, progresista y sofisticado y otro arcaico, rústico y contaminante o poco sostenible. El modo de vida imperial y esta división entre centro-periferia no solo se alimenta de la demanda de clases medias y las élites urbanas y económicas del mundo, sino de la colonización del deseo de las mayorías, incluyendo campesinos pobres del sur global, que adoptan la idea de progreso como sinónimo de mayor poder adquisitivo de todo tipo de bienes, o al contrario, conciben miseria como sinónimo de austeridad o sobriedad:

> «El modo de vida imperial es una suerte de compromiso entre los intereses de los que están en el poder y las demandas y deseos de sus subalternos, a través de la externalización parcial de los prerrequisitos para producir sus condiciones de vida, así como las consecuencias (ambientales), de dichas condiciones».
>
> Brand y Wissen (2021: 70)

Se trata por lo tanto como se ha visto de ruralidades que no importan, invisibles para la mayoría, pobladas por personas desechables o recambiables como productoras baratas, lo cual desemboca como ya se vio en desafección o bien a través de la abstención, o bien por el voto a opciones ideológicas poco o nada democráticas. Un aspecto fundamental en la construcción de una nueva ruralidad disidente y combativa es recuperar o (re)construir una autonomía política respecto a los imperativos del Estado y del mercado. Esto puede sonar entre utópico e imposible. Dadas las fracturas o separaciones analizadas anteriormente, y la profundidad de la crisis, contradicciones y conflictos de las ruralidades tanto del norte como del sur global, parece poco menos que ilusorio pretender desplegar un proyecto político autónomo en cualquier ruralidad. Todos los países tienen sistemas jurídicos con regímenes sancionadores en caso de contravenir cualquier norma o disposición, en muchas ruralidades del norte las administraciones locales tienen capacidades, recursos y competencias muy limitadas y cualquier extralimitación es duramente reprimida, más aún en muchos países con gobiernos déspotas, y no hay que olvidar que el monopolio de la fuerza y por lo tanto la capacidad técnica y jurídica de reprimir con violencia la tienen los estados.

No se trata por lo tanto de la construcción de un proyecto revolucionario «contra» el Estado, sino más bien todo lo al margen que se pueda del mismo y del mercado. Volviendo al capítulo anterior, la autonomía se puede construir aprovechando las «grietas» del sistema y el comienzo no es la toma del poder de un Ayuntamiento, sino algo mucho más complejo como un cambio estructural en las sociedades rurales, que tampoco escapan al modo de vida imperial y el imperativo del consumo y del dinero en su mayoría. Eso no significa, como también se ha comentado, que todo proyecto de ruralidad disidente y autónoma pueda desarrollarse sin acciones de desobediencia civil e incluso situaciones de confrontación directa con el

Estado. Una de las escasas experiencias exitosas de ruralidades disidentes e incluso revolucionarias es el Ejército Zapatista de Liberación Nacional de Chiapas que cumplió en 2024 treinta años de lucha en México. La clave del éxito de este movimiento, hoy en conflicto por el auge de grupos paramilitares ligados a cárteles de la droga y también con el Gobierno, pero que pese a todo sigue activo, es precisamente su capacidad de haber creado ruralidades autónomas casi por completo del Estado a partir de una revolución cultural, que parte de una revisión del modo de vida del día, y de la descolonización del deseo y maneras de pensar forjados por el capitalismo occidental, patriarcal e imperial, caminando a «paso del más lento». En el caso europeo son numerosas las experiencias de ruralidades disidentes, sobre todo en países como Francia. Sin duda el movimiento que más repercursión ha tenido en años recientes es el de «Levantamientos de la Tierra» (Soulèvements de la Terre) surgido en 2021 como una amalgama de movimientos campesinos y ecologistas contra la acaparación de tierras por parte de la agroindustria, defensa de la agricultura campesina y contra proyectos de infraestructuras sobre zonas de alto valor natural y agrícola como el aeropuerto de Notre-Dame-des-Landes o de energías renovables. Esta amalgama de movimientos sociales de base rural ha conseguido mediante manifestaciones y protestas masivas, presión mediática y política cuestionar la política de desarrollo del Estado francés en el medio rural en los últimos años y su represión sobre el movimiento. Es un buen ejemplo de construcción de una ruralidad autónoma, disidente y alegre en cuanto que muchas protestas tienen un carácter reivindicativo, festivo, intergeneracional e interclasista, como por ejemplo la organización de una fiesta de carnaval contra empresarios megarricos (Soulèvements de la terre, 2025).

La autonomía política en una ruralidad o cualquier territorio por lo tanto ha de nacer necesariamente de una serie de deconstrucciones más psicológicas que materiales. No se trata solo del modelo de consumo y de ganar autosuficiencia como se comentará más adelante, sino de las prácticas diarias y la concepción urbanocéntrica del mundo ya comentada, empezando por cuestiones sencillas como la metáfora del árbol caído. Imaginemos que después de una noche de tormenta y viento un árbol se cae en el camino de acceso a una aldea. En un mundo dominado por el Estado y el mercado capitalista el vecindario llamaría al Ayuntamiento, al seguro, a los bomberos o cualquier cuerpo de seguridad, aunque tardasen horas y hasta días, para que con una grúa retirasen el árbol. En una aldea autónoma se convocaría al común de los vecinos para talar y retirar ese mismo día el árbol, sin mediación de ninguna otra administración. No se trata de una realidad ilusoria. En el caso de las inundaciones catastróficas de octubre de 2024 en Valencia, durante semanas, frente al escaso despliegue del ejército y bomberos y la desastrosa coordinación entre administraciones, miles de voluntarios acudieron espontáneamente a las decenas de poblaciones arrasadas para ayudar a reconstruir, limpiar, alimentar y ayudar a las cientos de miles de personas afectadas por esta catástrofe y su contribución fue esencial para que este evento no se convirtiera en una mayor catástrofe humanitaria. Otro ejemplo en España es la larga historia de activismo rural y de defensa de la montaña y la naturaleza en la cordillera de los Pirineos. El municipio de Artieda, completamente afectado por el proyecto de recrecimiento del pantano de Yesa con un enorme impacto social y ambiental. Más allá de la lucha contra este proyecto, la historia de Artieda es la de un municipio de apenas 80 habitantes que se une para crear comunidad con una serie de estrategias que van de la negociación a la confrontación con el Estado, para llevar adelante proyectos como una taberna comunitaria, un coworking rural, un albergue o un cámping donde el vecindario, el Ayuntamiento y varias asociaciones trabajan en común (Concello d'Artieda, 2025).

Aquí reside la clave de una revolución cultural para crear autonomía. Cualquier ciudadano de a pie se podría escandalizar con esta propuesta y emplear los argumentos del pago de impuestos, de los derechos ciudadanos, etc., pero precisamente aquí radica la idea de autonomía: una reevaluación completa de nuestras vidas y de nuestra relación con el mercado y el Estado. En esta reevaluación un capítulo fundamental es cómo reconstruir o crear una comunidad que pueda tener una cierta autonomía, y volviendo a la militancia alegre, cómo se organizará y relacionará dicha comunidad. Todos somos hijos de nuestro tiempo y miembros de una sociedad en la que es fácil, aun en el colectivo más radical, caer en la reproducción de roles tradicionales hombre-mujer, joven-niño o vecino-forastero. Tan importante para generar subsistencia es crear espacios de participación, deliberación y decisión emulando por ejemplo a los antiguos concejos de aldea, como el aprendizaje colectivo de hablar, proponer y escuchar evitando el excesivo protagonismo de determinadas personas, o el silenciamiento de otras. Esta es sin duda la tarea más ardua en la construcción de una ruralidad disidente, autónoma y combativa. Para ello también es interesante abrir un debate sobre las formas de sociabilidad en cualquier grupo, empezando por las relaciones familiares, un tema clásico en sociología. Yendo al grano, para Bergman y Montgomery (2023, 108):

> «La vida en pareja y la familia nuclear se convierten en espacios que acaparan todas las formas de intimidad. Este modelo de familia es una institución crucial para la privatización y el encierro de la vida, es central para sostener la cultura autoritaria, abusiva y negligente, es lo que afianza el heteropatriarcado y la supremacía blanca».

Como se comentó en el capítulo dos con la cuarta de las rupturas o divisiones colonizadoras, la sociedad actual capitalista, tanto en la ciudad como en el medio rural, se estructura en torno a familias nucleares donde históricamente el hombre realiza labores productivas asalariadas y la mujer labores productivas y reproductivas sin salario. No obstante, según Mies (2019: 201), este concepto de familia se hizo popular solamente hacia finales del siglo XVIII en Europa, particularmente en Francia e Inglaterra, con una residencia permanente y compartida entre el hombre y la mujer, lo que ni siquiera era común entre la aristocracia. Según esta autora la familia nuclear no sería más que un invento burgués más para facilitar la acumulación capitalista y la reproducción de la clase obrera, convirtiendo así a la mujer en económicamente dependiente del hombre (Federici, 2004: 31). En primer lugar la burguesía apartó primero a sus mujeres de la esfera pública y política y posteriormente para las clases trabajadoras creó la ama de casa como categoría social (Mies, 2019: 202; Silvestri, 2023), a partir de un largo proceso de domesticación en el que la religión tanto protestante como católica, jugaron un papel fundamental. Este proceso fue consolidándose con la creación de toda una jurisprudencia también en el medio rural, donde se hizo costumbre que solo el hijo primogénito fuese heredero universal, o que la mujer directamente no pudiese heredar las propiedades de sus padres y solo tuviese como salida casarse o emigrar. No obstante, tanto en la ciudad como en el medio rural no era infrecuente encontrar mujeres viviendo solas, como cabezas de familia con sus hijos, o en comunidad con otras mujeres (Federici, 2004: 49). Y por supuesto este proceso afectó plenamente a los territorios colonizados por las potencias europeas. Relata Mies (2019: 183) como en Myanmar o Birmania a los colonizadores británicos les sorprendió la independencia de las mujeres, la igualdad existente entre sexos y la naturaleza pacífica de los birmanos. En lugar de intentar preservar esta feliz sociedad se consideró la igualdad entre hombres y mujeres un símbolo de retraso de modo que las mujeres de Myanmar fueron convertidas en dependientes amas de casa. Sus industrias locales fueron destruidas gracias a las mercancías de importación desde Inglaterra y sus negocios comerciales sustituidos por grandes comercios ingleses.

La construcción de una nueva ruralidad autónoma no debería ser por lo tanto una repetición más de estos modelos familiares nucleares. No se trata de crear comunidades excluyentes, sino de inventar y recuperar otras formas de pertenencia e intimidad retornando a modelos de familia extendida basada en vínculos de amistad más allá de los lazos de sangre. De hecho, más que la familia nuclear, en las ruralidades históricas ha sido la familia extensa el modelo más común:

> *—Hiciste bien en bajar a la masía, Miquel.*
>
> *Miquel trabajaba para Blai cuando todo ocurrió y este no dudó en ofrecerle ayuda. Miquel no se veía capaz de vivir en aquella casa, volver a subir esas escaleras y menos que lo hicieran sus hijos. Irene lo tuvo claro. Carmen vendría a la masía y estaría con ella y Pilareta, además, tendría a Elvira para jugar. Solo tenía un par de meses, pero se llevarían dos añitos*

y serían como hermanas. Alfred podía ayudar con los animales y también se entendería con Eloi y Salvador (Marín, 2013).

Este fragmento del escritor y activista Jordi Marín muestra la historia de las masías, un modelo de sociedad rural dispersa genuino de gran parte de la antigua corona de Aragón donde la ayuda mutua y la familia extensa eran característica habitual. Era muy común que bajo un mismo techo conviviesen no solo una familia extensa, sino en muchos casos huérfanos, personas mayores solas y allegados a la familia como muestra este fragmento. Esto implicaba más necesidades que cubrir, pero también más manos disponibles para el duro trabajo del campo donde desde niños a ancianos participan en distintas labores. Si hoy en día observamos la arquitectura por ejemplo de las masías valencianas, aragonesas o catalanas, de los caseríos vascos y de numerosas formas de hábitat rural en toda la península ibérica, sorprende en muchos casos las enormes dimensiones del casalicio o vivienda principal y la cantidad de alcobas para albergar hasta a una veintena de personas o más en algunos casos.

Plantear por lo tanto una ruralidad autónoma pasaría por (re)crear una comunidad, basada o no en lazos famliares, pero con el apoyo mutuo como fundamento. Para Servigne y Chapelle (2019) y recuperando las teorías de Kropotkin sobre la evolución de las especies, no es la competitividad feroz entre individos la principal «ley de la jungla», sino más bien el apoyo mutuo. En este sentido, en un mundo en colapso civilizatorio, más que actitudes preparacionistas o survivialistas frente a colapsos basadas en actitudes y decisiones individuales, cabe desarrollar nuevos vínculos entre humanos y no humanos creando nuevas comunidades con nuevas ontologías (Servigne et al., 2022).

Como afirman Bergman y Montgomery (2023), la familia no nuclear y las redes de parentesco son el corazón de los movimientos militantes y transformadores y la desnuclearización de la familia es un camino de construcción de comunidades de resistencia. Ha sido así en el pasado de muchas ruralidades europeas, y lo es en el presente de muchas otras ruralidades del mundo. La creación de una nueva comunidad supone comenzar a coser la gran fractura histórica entre el individuo y la comunidad, asumir que lo rural no se puede entender desde la individualidad capitalista, y menos aún desde la idea del individuo-emprendedor que tiene una idea innovadora y la convierte en un negocio que le sustenta económicamente a él y como mucho a su familia. Este es el modelo de nueva ruralidad que se propaga desde las instituciones y especialmente los programas de desarrollo rural europeos, y que están casi siempre condenados al fracaso por las dificultades económicas y los obstáculos burocráticos. Una nueva ruralidad es solo concebible desde lo plural y lo comunitario, desmontando las barreras de la edad o el sexo. Estas fórmulas comunales de vida han de cuestionar la segregación de las infancias del resto del mundo adulto, así como el olvido de la gente mayor. La reorganización de la vida familiar impulsada por la burguesía no solo supuso segregar y convertir en dependiente a la mujer. Hasta que se produjo esta reorganización, los niños tenían cierta autonomía y labores que realizar, pero a partir de este momento se les desempodera y quedan en una posición de cuidados (Silvestri, 2023: 84).

Crear tejidos intergeneracionales de apoyo e intimidad es un acto radical en un mundo que privatiza la crianza de las infancias, la vivienda, la subsistencia y la toma de decisiones (Bergman y Montgomery, 2023). Esto implica no solo contar como miembros activos a los adultos, sino también a niños y mayores. Los abuelos también son históricamente relegados, una vez jubilados de su oficio, en el mejor de los casos al cuidado de los niños, cuando no almacenados en residencias, sobre todo mujeres (Silvestri, 2023: 86). Si bien es cierto que toda persona mayor tiene ciertas limitaciones físicas y en muchos casos un posible deterioro cognitivo, no dejan de ser fuente de sabiduría y memoria viva sobre la historia de la comunidad que puede ser muy valiosa para desplegar cualquier proyecto de autonomía. No se trata solo de aprovechar sus conocimientos instrumentales o productivos como dónde y cuándo sembrar, qué en cuál terreno o remedios medicinales tradicionales sino también sus conocimientos sobre historia familiar y de la comunidad que es fundamental para crear y fortalecer las raíces e identidad de cualquier comunidad.

En definitiva una condición fundamental para la construcción de una nueva ruralidad disidente y alegre es construir o reconstruir una comunidad autónoma de personas que compartan estos mismos valores, comenzando por recuperar y construir lazos de solidaridad y de apoyo mutuo. No es nada nuevo: la solidaridad vecinal sigue existiendo en muchos pueblos, como el caso ya mencionado de Jorwert en Países Bajos:

> «Me contaron que un ganadero tuvo que estar ingresado durante meses en el hospital por unos problemas de espalda y acompañado por su mujer e hijos. Sus vecinos no dijeron nada, pero mantuvieron un ojo abierto en su ganado y en sus tierras e iban dando pequeños consejos a su familia para mantener la salud del ganado y la fertilidad de la tierra. Una red de seguridad social se creó ante una potencial catástrofe» (Mak, 2010: 154).

Este tipo de solidaridad se encuentra en todo tipo de aldeas alrededor del mundo y es lógico en pequeñas comunidades donde todo el mundo se conoce. En este sentido el pueblo se comporta como una extensión de la familia. En muchas aldeas alrededor del mundo existe el principio de reciprocidad, así como el principio de que los jóvenes están subordinados a los mayores y la prevalencia de la comunidad sobre el individuo. Es fácil criticar esta visión como idílica de las sociedades rurales obviando el control y la opresión que opera o ha operado históricamente en todo tipo de comunidades rurales. Sin embargo, lo que para muchos les parece un ambiente opresivo, sin apenas derecho al anonimato es de hecho una relación diferente entre individualidad y colectividad. En las ciudades las relaciones están más orientadas a los negocios y basadas en el individuo (Useche, 2016), mientras que las sociedades rurales son difícilmente explicables desde la óptica del individuo. En un proyecto de nueva ruralidad no se puede pretender obviar el derecho a una intimidad y un cierto anonimato, pero al mismo tiempo es imposible construir una comunidad basándose en los deseos e intereses individuales. Solo de esta manera se puede erosionar la gran fractura entre individuo, familia nuclear y comunidad, que es una de las fracturas fundamentales de la ruralidad.

Una ruralidad autosuficiente: simplicidad voluntaria, sobriedad feliz y «low tech»

La construcción de una ruralidad disidente ha de abordar la manera de satisfacer como ya se ha comentado, las necesidades básicas de la comunidad disminuyendo su dependencia con respecto al mercado y al Estado. Se trata de una cuestión altamente compleja que incorpora aspectos como la producción de alimentos, la provisión y mantenimiento de vivienda, cuidados, salud y educación, actividades de ocio y cultura así como del presupuesto económico de la misma comunidad, entre otros muchos, además en un contexto de multicrisis global protagonizada por un cambio climático sin precedentes.

El principio fundamental en un contexto de crisis múltiple es buscar formas de autosuficiencia que estén al alcance en la medida de lo posible de la propia comunidad. No se trata de una quimera, puesto que todas las ruralidades fueron en algún momento de la historia no tan lejana autosuficientes en distinto grado y buena parte de las ruralidades de países pobres que aún no han sido del todo destruidas por la modernidad capitalista e imperialista, lo siguen siendo:

> «La modernidad es también la época en que la mayor parte de las personas no trabajan la tierra y no construyen su casa, ni hacen sus muebles, sino tienen un trabajo en la industria o en la burocracia gracias al cual obtienen un salario que les permite comprar lo que ya no saben hacer. Y lo que no saben hacer es prácticamente todo. No producen lo que comen ni construyen su casa, no elaboran las herramientas del trabajo y han perdido toda capacidad de hacerlo» (Robert, 2015, citado por Deriu, 2022).

Para ello es interesante explorar un poco más el concepto de simplicidad voluntaria. Este concepto propone un modo de vida en el que se reduzca conscientemente el consumo. Parafraseando una cita de Gandhi, se trataría de «vivir simplemente para que los demás puedan simplemente vivir» (Boisvert, 2005). Según este autor la simplicidad voluntaria es una forma de vida que busca ser menos dependiente del dinero y de la velocidad y menos depredadora de recursos naturales, una forma de vida en la que se puede ser más feliz con menos (Boisvert, 2005: 18). También se conoce como «sobriedad feliz» y se refiere al desafío de responder a las necesidades vitales del ser humano con medios más sanos y más simples (Rabhi, 2010). Según este pensador argelino, la sobriedad supone acciones como cultivar un huerto, fomentar la reparación de tecnología o su reciclaje o realizar cualquier actividad que genere autonomía como un acto político, o por ejemplo prescindir de profesiones que incentivan el consumo como el mundo de la publicidad. Según estos autores, con el nivel de consumo actual, sobre todo de los países más ricos, la simplicidad como modo de vida es posible que deje de ser voluntaria para ser obligatoria por el agotamiento de recursos (Boisvert, 2005: 31).

Pero además se trata de una sobriedad feliz porque vivir con menos no supone según los defensores de la simplicidad voluntaria una merma en la calidad de vida, sino más bien lo contrario. Incluso algunos autores proponen una vida más simple, menos consumista y materialista, pero no por ello exenta de hedonismo (Soper, 2020). Esta sobriedad feliz sería por tanto lo contrario a la «pobreza moderna» en la que se halla buena parte de la población (Chastenet, 2023: 151). La filósofa británica Kate Soper defiende que los cambios sociales y económicos necesarios para luchar contra el cambio climático y la crisis ambiental no son un sacrificio y una pérdida de placer o de calidad de vida, sino una oportunidad para superar el actual modo de vida que no solo es ambientalmente desastroso, sino además poco placentero y obsesionado en acumular dinero o productos que realmente no necesitamos. Así, el hedonismo alternativo consistiría en disfrutar de la vida de otra manera, con una movilidad más sostenible, menos tiempo dedicado al trabajo porque no sería necesario tanto dinero para vivir y porque la base del hedonismo alternativo es poder disfrutar de tiempo más que de dinero y poco tiempo, trabajos artesanales, una vida en comunidad donde se comparten actividades, herramientas de trabajo y cubren necesidades colectivamente, una vida lenta y más apegada a la escala local en todos los aspectos o un modelo de turismo y ocio en el que los viajes cortos y regulares a lo largo del año sustituyen el modelo actual de viajes internacionales en avión a destinos exóticos muy costosos ambiental y económicamente (Soper, 2020: 121).

Los defensores de la sobriedad feliz y de la «vida slow» proponen una vuelta al campo para empezar un modelo de vida mucho más pausado y tranquilo, un modelo de vida plena sin grandes posesiones materiales ni riqueza financiera, buscando la simplicidad voluntaria. Este modelo de sobriedad feliz implica actuar en diferentes frentes: desalarizar el trabajo, construir soberanía alimentaria, energética, tecnológica y política (González Reyes, 2020). En un sentido más profundo y como ya se ha comentado, la sobriedad feliz y la simplicidad voluntaria proponen revisar conceptos como el de riqueza o felicidad. La riqueza no es una medida de acumulación de capital, sino el vínculo con una sociedad y con la naturaleza (Rabhi, 2010). De igual modo, este modelo de vida de sobriedad feliz sería un camino hacia la igualdad sexual, puesto que supone desmontar la mercantilización y cosificación de la mujer y desarrollar un modo de vida donde los cuidados de ancianos no sería una tarea exclusivamente femenina y donde la educación infantil se realiza completamente en igualdad (Rabhi, 2010). En todo caso los defensores de una ruralidad basada en la simplicidad voluntaria no tienen una nostalgia del pasado ni un rechazo absoluto al progreso, pero sí apuestan por una reducción radical y urgente del consumo de energías fósiles y recursos naturales (Boisvert, 2005). Volviendo a la introducción del libro, la sobriedad feliz y la simplicidad voluntaria es el reflejo de la vida de la joven rural Sofía, mucho más que el sofisticado urbanita de Daniel.

Aplicando estos principios a la esfera productiva de la ruralidad, la generación de subsistencia debería pasar por principios decrecentistas como recuperar, reparar, reciclar, rehabilitar y rehabitar más que en construir nuevos edificios o roturar nuevas tierras. Muchas de estas eran o son bienes comunales, hoy día casi siempre monte público, y parte de las que fueron privatizadas como pastos o para explotación forestal ubicadas en ruralidades en crisis, es posible que estén abandonadas por su baja rentabilidad en el marco de una competitividad capitalista global.

Una vía por lo tanto fundamental para construir autosuficiencia en cualquier comunidad sería recuperar o reclamar los bienes comunales que desde tiempo inmemorial tuvo la comunidad. Si bien la mayor parte de estudios sobre bienes comunales en países como España se centran en analizar su decadencia o desaparición tras sucesivas reformas legales (Sanz, 1980; Sala, 1997; Fernández, 1998; Santos, 2001; Luchía, 2004; Serrano, 2005), la recuperación de la idea de los comunes hace décadas que se discute como posible vía para mejorar la producción local por su infrautilización (Iglesia et al., 2012) o posible alternativa frente a la gestión pública o privada (Capel, 2003; Laval y Dardot, 2015). Mención especial merece la obra de la politóloga estadounidense, y mencionada, Elinor Ostrom que estudia los acuerdos institucionales robustos que permiten a comunidades de todo el mundo gestionar bienes comunales de manera sostenible (Ostrom, 1990).

De nuevo, el cambio de paradigma desde sociedades rurales, sobre todo occidentales basados en la familia, la propiedad privada, el mercado y la tutela del Estado a sociedades rurales de apoyo mutuo y autosuficientes solo será posible en aquellas ruralidades viejas y en crisis que ven su futuro inmediato peligrar, o que constatan el constante abandono y desinterés de la esfera privada y estatal. La generación de autosuficiencia es todo un ataque al paradigma dominante de individualismo posesivo hoy en día hegemónico, incluso en lo que se refiere a la gestión de bienes comunales (Ramis, 2017) y por lo tanto de nuevo un cambio cultural complejo, que sin embargo es fundamental, no solo para construir nuevas ruralidades, sino para abordar la crisis ecológica y climática, que es consecuencia de los modelos de vida, sobre todo urbanos pero también rurales, de los países del norte, el ya mencionado modo de vida imperial:

> «La invisibilidad de las condiciones sociales y ecológicas de lo que consumimos es precisamente lo que nos permite experimentar la compra y el consumo como algo natural, de forma que se presupone una disponibilidad ilimitada, por ejemplo de alimentos» (Brand y Wissen, 2021: 40).

Construir una nueva ruralidad con altas cotas de autonomía y autosuficiencia, por ejemplo basándose en los principios de la permacultura y en producción agroecológica supone cambiar por completo las relaciones sociedad-naturaleza, abordando la fractura entre ambas esferas, hacia una cosmovisión de la naturaleza y del exterior de la comunidad como algo más que un almacén de recursos (Brand y Wissen, 2021: 39). Esto puesto en la práctica significaría para una pequeña población de cualquier entorno rural comenzar considerando qué hacer con las propiedades públicas y comunales de que dispone: la antigua escuela, casa de la maestra, edificios municipales, monte público, almacenes y o bien viviendas en estado de ruina cuya propiedad es desconocida. Si la administración local no tiene un proyecto claro o recursos necesarios para poder hacerse cargo, una vía interesante es la cesión en custodia de estos espacios a colectivos, familias o personas deseosas de iniciar un proyecto de vida en el medio rural (Del Romero, 2023). La mejor manera de generar autonomía y autosuficiencia es que necesidades básicas como un espacio de trabajo o de vivienda puedan ser resueltos con una inversión económica inicial limitada para dedicar estos recursos a cubrir otras necesidades desde una escala local como la adquisición de bienes de equipo o herramientas para cualquier nueva actividad económica, vehículos o insumos para la agricultura y la ganadería.

No obstante todos estos elementos externos necesarios para la vida tienen en común que son tecnologías y aquí también conviene realizar algunas reflexiones sobre su papel en una nueva ruralidad disidente y autónoma. Hace años que la tecnología y la innovación ocupa un lugar en las agendas políticas, particularmente para hacer frente al cambio climático. Las democracias liberales y occidentales confían, o al menos ese es su discurso, en que la tecnología salvará a la humanidad del desastre: energías renovables, inteligencia artificial, motores de hidrógeno, fusión nuclear para un mundo mejor y adaptado al cambio climático en una suerte de mesianismo tecnológico (Almazán, 2021: 146). Incluso Elon Musk, obsesionado con colonizar otros planetas, ejerce desde 2025 como asesor del Gobierno de Donald Trump en Estados Unidos. Sin embargo, esta alianza entre superricos y gobiernos liberales para Peirano

(2022:48), solo obedece al interés de los superricos de aislarse del peligro real y presente del cambio climático. Para el 1 % la crisis climática no es el problema, sino el contexto de los dos problemas que verdaderamente les preocupan: cómo seguir disfrutando de una cantidad desproporcionada de recursos cada vez más escasos, y como seguir sin pagar las consecuencias (Peirano, 2022: 49), o dicho de otro modo seguir confiando en una industrialización automatizada y desbocada que nos conduce al suicidio civilizatorio (Almazán, 2021: 124). Este autor defiende coincidiendo con Iván Illich, que más que progresar, inundar los ámbitos más cruciales de la vida con tecnología es ser víctimas de un «retroprogreso» (Almazán, 2021: 125) que no ha hecho sino erosionar la autonomía e imaginación del ser humano, coincidiendo con André Gorz:

> *La formación de la tecnocracia como instrumento y como ejecutadora del poder totalitario y represivo del Estado se debe [...] a la imposibilidad en que se encuentran los trabajadores asociados de dirigir ellos mismos su producción y sus intercambios. Ésta imposibilidad no es inherente a la complejidad de la producción y de los intercambios sociales. Se trata de una imposibilidad provocada, en cierto sentido, deliberadamente, con el subdesarrollo cultural, con la mutilación de los individuos en su trabajo y incluso en su formación profesional, con la superexplotación de la fuerza de trabajo, es decir con la privación de tiempo libre y de equipamientos culturales; en fin, con la carencia o la liquidación deliberada de las instituciones y órganos de gestión democrática.*
>
> Gorz, 1967: 150.

Este retroprogreso es también observable en multitud de ruralidades que ven cómo, con la introducción de tecnologías modernas, se produce una paulatina pérdida de control de la comunidad local sobre los procesos productivos, como por ejemplo explica muy bien Mak con el caso de la aldea de Jorwert:

> «En los años 50 era famoso el herrero de Jorwert: herraba caballos, instalaba estufas de leña, e incluso reparaba automóviles. Si en esa época se rompía una caldera de gasoil era fácilmente reparable por el propio herrero con alguna soldadura o reparación menor. En cambio los sistemas de calefacción central que se popularizaron un cuarto de siglo más tarde eran mucho más sofisticados, con amalgamas de cables, tubos, termostatos, válvulas automáticas y sistemas electrónicos imposibles de reparar con los conocimientos y herramientas de un herrero de pueblo».
>
> (Mak, 2010: 137).

En cierta medida la tecnología podría ser una quinta separación o división colonizadora más. Oficios y artesanos como herreros, zapateros, carpinteros, caldereros, alfareros y muchos más son sustituidos por tecnologías cada vez más sofisticadas y baratas. No solo la tecnología tanto en el medio rural como en el urbano invaden todas las esferas de la vida, sino también el aparato burocrático del Estado del que muchos autores se han ocupado. El aumento de la burocracia lleva al «desapego individualista (Zafra, 2024: 24), a la multiplicación de trabajos sin sentido o directamente «trabajos de mierda» (Graeber, 2018) y a sumergirnos en tareas sin valor que parecen justificar un sistema acomplejado y falto de confianza en los trabajadores (Zafra, 2024: 24). En definitiva, la tecnología unida a la carga burocrática redunda en una continua pérdida de autonomía.

Frente a esto, es precisamente Ivan Illich uno de los primeros autores en proponer un nuevo modelo de sociedad autónoma y autosuficiente de simplicidad voluntaria con tecnologías intermedias a partir de su concepto de sociedad convivial, que la definió como una sociedad en la que la tecnología está al servicio del individuo integrado en la comunidad y no al servicio de un grupo de especialistas (Illich, 1973: 28):

> «El hombre urbano sabe utilizar el teléfono o la televisión pero no sabe cómo funciona. La adquisición de conocimiento se centra en el uso de tecnología para el confort de las masas. Cada vez se siente menos cómodo haciendo las cosas por sí mismo» *(Ilich, 1973: 90).*

O dicho de otro modo, según el filósofo francés Renaud Garcia:

> «En el universo de la técnica y de los servicios modernos, las habilidades naturales desarrolladas en pequeña escala, según el ejemplo de los mayores, para objetivos importantes pero no remunerados son desacreditadas. A la inversa, toda tarea oficialmente proveedora de ingresos, por estúpida que sea, será acreditada con la suprema virtud de integrarse en el sistema» (Garcia, 2021: 145).

Se concibe como lo contrario a la productividad industrial. Una sociedad convivial da la posibilidad a las personas de ejercer acciones más creativas y autónomas mediante tecnologías menos controladas (Chastenet, 2023: 150). La «tecnología convivial» estaría al servicio de las personas para crear y fortalecer a la comunidad, en lugar de para la producción masiva y en serie; una tecnología que se pueda comprender, cuestionar, modificar y utilizar como medio de creación y expresión (Almazán, 2021: 145). Siguiendo con el ejemplo de la vivienda como espacio fundamental para la vida, se trataría en una sociedad convivial de fomentar los conocimientos técnicos necesarios y la ayuda fundamental para que cada uno pudiese construir o rehabilitar una vivienda, en lugar de recurrir al mercado, las constructoras y promotoras inmobiliarias privadas para acceder a una vivienda. Nuevamente, esta posibilidad solo existe en determinadas ruralidades donde el Estado y sus sistema legal no impida (cosa que ocurra a menudo) la posibilidad de autoconstrucción.

La filosofía «low-tech» (Biohuix, 2014), más que tecnófoba es tecnocrítica y apuesta por el uso de alta tecnología para aplicaciones concretas y útiles y no como finalidad en sí misma. Para las necesidades básicas propone fabricar productos robustos, reutilizables, no contaminantes, simples y poco demandantes de recursos naturales (Fortes, 2020: 239). Propone por ejemplo satisfacer nuestras necesidades básicas empleando herramientas que hayan alcanzado su óptimo tecnológico. Abrazar una filosofía de vida «low tech» implica disminuir nuestra dependencia respecto a la economía formal y disminuir el consumo de tecnología. Algunos ejemplos de tecnología «low-tech» perfectamente aplicables al medio rural serían las técnicas de permacultura para la producción de alimentos, la tecnología solar térmica para calefacción, mucho más eficaz que para generar electricidad, sistemas locales de cuidados y medicinas a base de productos naturales, la impresión en papel, en lugar del almacenamiento de millones de datos no siempre útiles en dispositivos electrónicos o la comunicación por radio de onda corta entre muchos otros ejemplos (Sinaï et al., 2015). En palabras del filósofo Arne Naess, una filosofía low tech o de tecnología liviana supone cuestionar en definitiva la idea de progreso y desarrollo como sinónimo de crecimiento tecnoindustrial (Naess, 2018: 123) y propone orientar el avance técnico hacia aquellas técnicas favorables para la salud, que refuerce la cooperación entre trabajadores, con bajo consumo de energía, poca inversión, administración y que promueva la igualdad (Naess, 2018: 153). No se trata de buscar el progreso técnico, apuntaría Latour, sino más bien la prosperidad (Latour, 2023: 65).

El medio rural aparece de nuevo como un medio propicio para incorporar la filosofía «low-tech» a una transición ecosocial. Como sociedad compuesta de pequeñas colectividades en territorios con recursos, tiene una mayor resiliencia frente a las crisis (Sinaï et al., 2015). El mejor ejemplo de cómo poner en marcha una filosofía de vida «low-tech» sería contrastar un modelo de vida de alta tecnología, respecto a otra de baja tecnología, como se vio en la introducción. Sofía sería un ejemplo actual de vida «low tech» frente al «early-adopter» de Daniel que solo puede vivir rodeado de todo tipo de tecnologías con los impactos que ello conlleva. Pero la construcción de una ruralidad autónoma a partir de tecnologías maduras, simples y efectivas no solo obedece a reducir costes, sino también a una cuestión de justicia ambiental. La mayor parte de las tecnologías que empleamos en el día a día, como ya se ha comentado antes, suponen una extracción de recursos en otros territorios y un motor fundamental en el deterioro ambiental y la desigualdad.

En el caso de la energía una filosofía low-tech supondría reactivar y arreglar la vieja turbina del molino del pueblo para suministrar luz para el alumbrado público en vez de recurrir a la construcción de un huerto solar o un aerogenerador construido con tierras raras y minerales provenientes de explotaciones a cielo abierto con severos impactos ambientales en la otra punta del mundo. Ello no significa renunciar a los avances técnicos en la generación de energía o a las energías renovables, pero sí en racionalizar su uso para las necesidades de la vida rural. Igualmente una vida «low tech» pasaría por arreglar la despensa, bodega o fresquera que todas las casas antiguas de pueblo tenían para conservar los alimentos, en lugar de comprar una costosa nevera americana de doble puerta y un consumo eléctrico alto, como en el caso de Sofía cocinar con cocina de gas o inducción eléctrica en lugar de emplear el microondas, o por poner un último ejemplo, dedicar tiempo a dibujar manualmente la portada de un trabajo para el instituto de secundaria, en lugar de recurrir a la inteligencia artificial con el consumo de agua y electricidad que ello conlleva para generarla. En definitiva, una ruralidad autónoma no nacerá de la tecnología digital, de internet o de la inteligencia artificial, sino del retorno de las industrias artesanales, del rescate del acervo cultural de cada ruralidad y su conocimiento técnico y geográfico, de la permacultura (Sinaï et al., 2015), pero sin renunciar a tecnologías como las energias renovables y otras de momento insustituibles en algunas industrias, en la medicina o la gestión empresarial.

Una propuesta política para coser la brecha rural: La nueva ruralidad como nuevo sujeto político para una regeneración democrática

El siete de mayo de 2011 asistí a una reunión convocada desde las redes sociales para pensar en la posibilidad de organizar una protesta ciudadana por la situación política de España en aquellos años en plena crisis económica y financiera: aumento espectacular de los desahucios de viviendas, mayor precariedad laboral y paro y un goteo incesante de casos de corrupción. Un par de personas acudieron en nombre de una plataforma recién creada en las redes denominada «Democracia Real Ya» que denunciaba que la política pública estaba más pendiente de rescatar a los bancos endeudados por la crisis financiera, que de las decenas de miles de ciudadanos que sufrieron también sus consecuencias. La fecha elegida para dicha protesta sería una semana después, el 15 de mayo y marcó el punto álgido de un ciclo de protestas, que además de denunciar estas cuestiones, evidenciaba que la democracia liberal estaba cada vez más alejada de los intereses y necesidades de la ciudadanía.

Una década y media después muchas de las reclamaciones de los movimientos surgidos en el 15M permanecen vigentes, en especial los referidos a la crisis habitacional. Si bien este ciclo de protestas fue básicamente urbano, los problemas de corrupción, crisis habitacional, paro y en definitiva desafección con la democracia también estaban y están presentes en la ruralidad. En aquellos años se planteaban vías para renovar el contrato social entre capital y trabajo y entre representantes y representados. Hoy en día sin embargo se habla más de rupturas que de renovación de consensos democráticos. Por esta razón, el filósofo francés Abdennour Bidar habla de la necesidad de recomponer «el tejido rasgado del mundo» (Bidar, 2021), en especial tres vínculos esenciales que recuperar: el vínculo con uno mismo, el vínculo con los demás y con la naturaleza. En este trabajo se ha mostrado una historia de la ruralidad distinta, a partir de sus rupturas y separaciones que la han ido moldeando donde se muestran entre ellas la ruptura de la comunidad y de los vinculos sagrados con la naturaleza, ya sea de la sociedad rural vasca en el siglo XIX o del pueblo u'wa en los andes colombianos.

En la «producción del espacio» de Lefebvre (2013), queda claro que cada sociedad —y por lo tanto cada modo de producción con sus subvariantes— produce espacio, su propio espacio (Lefebvre, 2013). El espacio es un producto social, fruto de las determinadas relaciones de producción que se están dando en un momento dado, así como el resultado de la acumulación de un proceso histórico que se materializa en una determinada forma espacio-territorial (Baringo, 2013). A partir de estas rupturas iniciales que se dieron simultáneamente o secuencialmente, antes o después en el tiempo según de qué ruralidad se trate, el destino común fue la producción de nuevos espacios rurales como espacios industriales (ganadería y agriculturas intensivas) o de reserva demográfica. Según la época o el lugar los Estados-Nación liberales produjeron nuevas ruralidades agropecuarias capitalistas, ruralidades industriales y mineras, y sobre todo en los países ricos ruralidades turísticas y de ocio. Todas estas nuevas ruralidades son una parte fundamental de las crisis ambientales de la actualidad (sobre todo por extinción de especies y destrucción de hábitats y contaminación para la producción agropecuaria intensiva).

Este libro supone una impugnación de los pilares fundamentales de la modernidad ilustrada, que si bien sentaron las bases de las democracias liberales (Arias, 2024), también consolidaron la senda de fracturar las sociedades rurales para ponerlas al servicio del incipiente capitalismo. Esta modernidad se define en el siglo XX por la ruptura con prácticas sociales y valores de sociedades tradicionales y según Bruno Latour se basa en dos ideas: la ciencia, que nos permite el control racional de la naturaleza; y segundo, el gobierno de la ley y la democracia, que nos garantiza nuestra libertad política (Zaragoza, 2022). No obstante, se abren bastantes interrogantes sobre si estas dos ideas realmente se cumplen hoy en día en multitud de áreas rurales del mundo. El propio Latour afirma sin ambages que no se puede calificar a la modernidad tardía desarrollada por las democracias liberales como de racional, cuando ha sido responsable del ecocidio y destrucción de naturaleza y comunidades rurales tal y como se ha ido relatando a lo largo de este trabajo.

Alegoría del buen y del mal gobierno. Fresco de Ambrogio Lorenzetti de 1338. Palazzo Pubblico de Siena. Fotografía del autor.

Este fresco está ubicado en la Sala del Consejo del Ayuntamiento de Siena y muestra los efectos de un mal y un buen gobierno en una ciudad de la época que podría ser la propia Siena y su entorno rural inmediato. Si nos fijamos en este entorno, para Lorenzetti un mal gobierno se traduce en granjas que están ardiendo, epidemias, sequías y abandono, mientras que en un buen gobierno de la ciudad se traduce en un medio rural vivo, con campesinos trabajando las tierras en un entorno tranquilo y seguro. Si nuestro pintor-filósofo viviera en esta época, seguramente no creería que hay un buen gobierno mundial o nacional para numerosas áreas rurales. Hoy en día, numerosas áreas rurales de Alemania y Finlandia oriental, el norte de Bulgaria o el centro-sur de Francia han aumentado su edad media en más de dos años en los últimos diez años (ESPON, 2025) y en provincias rurales españolas como Orense casi la mitad de las viviendas estaban vacías (INE, 2021). Muchas áreas rurales de países ricos envejecen y agonizan, mientras que muchas otras del sur global se desangran entre conflictos bélicos, crisis sociales y ambientales, corrupción política y éxodos rurales. Por todo ello, una parte nada desdeñable de estas sociedades muestran, como se ha analizado, una creciente desafección y desconfianza hacia las instituciones democráticas.

Según datos del primer informe del PNUD sobre pobreza multidimensional, de los 1100 millones de personas en el mundo que viven en situación de pobreza extrema, el 83,7 % vive en áreas rurales (PNUD, 2024: 7). Este mismo informe alerta de la existencia de una clara brecha urbana-rural en el mundo en términos de pobreza. El 28 % de las personas que viven en áreas rurales en el mundo lo hacen en situación de pobreza extrema, mientras que tan solo un 6,6 % residen en áreas urbanas (PNUD, 2024: 7). Sin embargo, no parece haber sobre la mesa ninguna estrategia global ni coordinada para combatir la pobreza y las violencias que sufren las áreas rurales sobre todo del sur global, pero también del norte global. De no haberlo en los próximos años resulta altamente probable que las pasiones tristes sigan creciendo y los nacionalismos populistas y partidos de extrema derecha sigan copando las instituciones y la única respuesta a todas estas amenazas se sitúe entre el tecnofeudalismo y el ecofascismo dirigido por multimillonarios. No se trata de una distopía. Es de sobra conocido la estrecha relación entre gobernantes y empresarios multimillonarios ya sea en Rusia, China o Estados Unidos.

La alternativa a este panorama más que sombrío ha de partir de varios frentes para comenzar una urgente regeneración democrática. Uno de ellos es la construcción de una nueva ruralidad, desde la propia ruralidad, que se constituya como un nuevo sujeto político. Esta nueva ruralidad crítica con la modernidad capitalista no debería suponer un regreso nostálgico y romantizado a las sociedades rurales tradicionales que ya apenas existen ni tampoco buscar un modelo esencialista de ruralidad sin tener en cuenta que prácticamente todas las sociedades rurales, por lo menos de los países ricos, son completamente interdependientes con el mundo urbano. Se ha propuesto construir esta nueva ruralidad en base a tres dimensiones fundamentales: una ruralidad militante alegre y combativa frente a las desigualdades y violencias explicadas, una ruralidad autónoma y decrecentista que busque sacar bienes y servicios del circuito del capitalismo mediante el apoyo mutuo, y por último una ruralidad autosuficiente capaz de redescubrir sus técnicas y saberes ancestrales, construir nuevas comunidades y formas de relación social menos consumidoras de recursos y más diversas. En definitiva una ruralidad de la sobriedad feliz y de la simplicidad voluntaria que tiene su reflejo en miles de pequeñas comunidades campesinas e indígenas que son capaces de satisfacer sus necesidades básicas con pocos recursos y bajos impactos ambientales.

Esta nueva ruralidad solo puede prosperar como siempre prosperan las alternativas que es desde los márgenes. Hoy en día con unas ruralidades capitalistas agropecuarias en crisis en el norte global y profundamente desarticuladas en el sur global por las dinámicas extractivistas y sus consecuencias sociales y ambientales, estos márgenes se multiplican. Una nueva ruralidad se puede comenzar a construir en una antigua explotación agrícola o ganadera intensiva abandonada en Europa o Estados Unidos siguiendo la filosofía de la permacultura, pero también como ya sucede a partir de la unión entre comunidades en su lucha contra proyectos mineros extractivistas en Argentina, Chile o Ecuador. En ambos casos la condición *sine qua non* es la creación y fortalecimiento de una comunidad que decide dar un paso al frente para «hacer algo» frente a sus situaciones de crisis y abandono institucional.

Sin embargo, florecer en los márgenes e intersticios del sistema Estado-capital y desertar de la ciudad no debería dejar de lado la cuestión central de la democracia liberal y su crisis. Nuevas formas de organización social desde lo rural pueden desembocar en nuevos sujetos políticos como las biorregiones posturbanas (Faburel, 2023) que no obedecen a límites admistrativos sino naturales y donde las sociedades humanas viven en pequeñas comunidades autónomas basadas en una ecología existencial y profunda (Faburel, 2023: 265). En paralelo a la lucha por la construcción de una nueva ruralidad, ha de haber una lucha a favor de una nueva ola democratizadora en los actuales Estados-Nación liberales y en crisis. Una nueva ruralidad solo podrá consolidarse en el marco de Estados de derecho que garanticen una seguridad, igualdad ante la justicia y unas políticas de bienestar, si bien buena parte de ellas debería ser corresponsabilidad de gobiernos locales y comunidades. Dicho de otro modo, frente a las propuestas de aislamiento y defección para construir sociedades utópicas al margen de las actuales sociedades y estados modernos que tienen una larga tradición desde los socialistas utópicos del siglo XIX como los fourieristas, a varias corrientes del anarquismo y del ecologismo, aquí se apuesta por crear nuevas ruralidades conviviendo con personas y comunidades convencionales. Paolo Virno desarrolla la teoría del éxodo según la cual la forma más efectiva de oponerse al capitalismo y al Estado liberal no sería a través de la confrontación directa sino a través de una «retirada emprendedora» (Graeber, 2019: 93), una defección en masa protagoizada por quienes desean crear nuevas formas de comunidad. Esta idea es interesante en tanto en cuanto la ruralidad, como se ha comentado, es el lugar ideal donde realizar esta retirada emprendedora y comenzar a crear como defienden Virno y Graeber nuevas formas de comunidad. Ahora bien, más que aislarse para construir una ecoaldea arcádica, se propone seguir una acción de negociación y conflicto con el Estado, más que una defección total que conlleve abstencionismo en las elecciones, consolidar el régimen de desigualdades múltiples de Dubet (2020) o el silencio ante discursos de odio tan de moda últimamente.

Para construir una nueva ruralidad basada en los principios analizados, y que pueda convertirse en un nuevo sujeto político consciente de las fracturas y separaciones vividas y de la actual crisis de legitimidad de la democracia liberal como forma de gobierno, proponemos un modelo de comunidad rural como propuesta final de este trabajo. La idea de la aldea como ejemplo de buen gobierno tiene numerosos precedentes en la historia, como la obra del autor renacentista español Antonio de Guevara:

> «No tiene poca bienaventuranza el que vive contento en el aldea; porque vive más quieto y muy menos importunado, vive en provecho suyo y no en daño de otro, vive como es obligado y no como es inclinado, vive conforme

a razón y no según opinión, vive con lo que gana y no con lo que roba, vive como quien teme morir y no como quien espera siempre vivir» (Guevara, 1539: 21).

En este caso, el modelo de aldea o comunidad que se presenta sigue los parámetros culturales de una aldea o pueblo situada en la España rural, y por lo tanto necesariamente readaptable a otras realidades territoriales y culturales. No obstante no se trata como ya comentó, de mostrar casos concretos como ejemplos de «buenas prácticas», sino más bien de poner en práctica las premisas de una nueva ruralidad alegre, autónoma y autosuficiente. Este modelo se muestra en la siguiente imagen y en ella las líneas gruesas son relaciones directas, mientras que las líneas punteadas muestran relaciones y objetivos políticos.

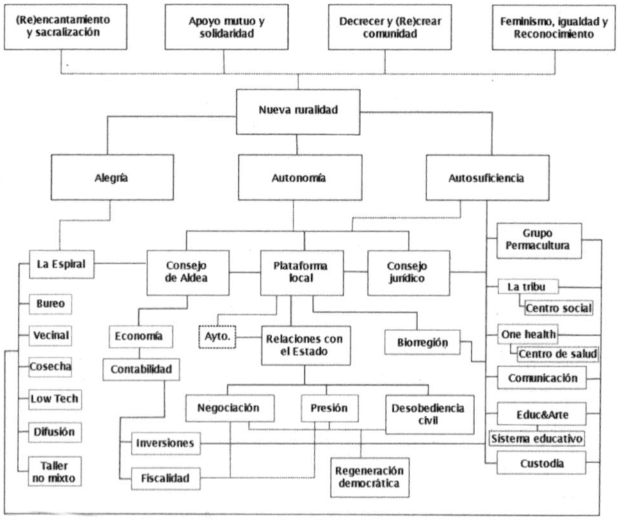

Puesta en marcha de una nueva ruralidad.
Fuente: elaboración propia.

Toda propuesta política ha de partir de una filosofía, que en este caso no es otra que la construcción de un lugar que supere las pasiones tristes, o dicho de otro modo, la visión reaccionaria de quienes observan en él una especie de refugio a la inseguridad que provoca el proceso de comprensión espacio-temporal (Barros, 2000: 88). Para ello Masey (1993, citada por Barros, 2000), propone la construcción de un lugar, o en este caso una nueva ruralidad a partir de una caracterización en la que es posible reconocer a la identidad del mismo a partir de un proceso producido dentro de una constelación de relaciones que involucran al lugar en sus relaciones con el afuera, o dicho de otro modo, sin necesidad de establecer fronteras precisas para la identificación de los mismos (los lugares podrían, en parte, superponerse o estar formados por áreas no necesariamente contiguas). Frente a la idea de comunidad y lugar con una frontera e identidad clara en un territorio concreto, barrio o núcleo urbano, aquí se propone una visión más multiescalar y flexible.

La cuestión principal a abordar sin embargo, sería emprender la recomponposición de las cuatro fracturas o divisiones colonizadoras ya analizadas. En primer lugar una nueva ruralidad ha de buscar reencantarse con la naturaleza, recomponer completamente sus vínculos hacia el respeto, la armonía y la interdependencia como tradicionalmente han tenido en mayor o menor medida o con más o menos conocimientos, miles de comunidades rurales e indígenas del mundo. Esta filosofía se basa en las ideas de Latour de crear una clase ecológica que representa una nueva racionalidad y un nuevo proceso de civilizacion que tiene en cuenta las condiciones de habitabilidad del planeta (Latour, 2023: 64). La idea de reencantar supone romper con la ontología naturalista de la modernidad ilustrada y liberal; rescatar y desarrollar otras ontologías animistas de respeto y sacralización de lo no-humano. Dicho de otro modo, consiste como propone el antropólogo Philippe Descola, en una coexistencia menos conflictiva entre humanos y no humanos (Descola, 2005), donde son las leyes ecológicas las que dictan la moralidad humana desarrollando la idea de unos bioderechos o el derecho de especies en peligro o paisajes únicos a no ser hostigados (Naess, 2018: 57). Por otro lado, frente a una relación entre producción y productor alienado por parte de las relaciones capitalistas se parte de una filosofía de apoyo mutuo y solidaridad, donde el objetivo de intentar crear subsistencia y dejar de depender en determinadas esferas y necesidades básicas del mercado y de la empresa privada pasa por el trabajo conjunto de todos los miembros de la comunidad, teniendo en cuenta las desigualdades en cuanto a capacidad y necesidad inherentes a cualquier grupo humano. En tercer lugar, frente a la separación y destrucción de las comunidades y los bienes comunales se parte de la idea de crear o recuperar la comunidad de vecinos como estructura social básica no solo de gobierno, sino de relaciones sociales y de regulación conjunta. Se trata de poner en marcha la tarea ingente de deconstruir lo que son para el antropólogo Arturo Escobar los pilares de la ontología moderna: el individualismo, la creencia en la ciencia, en la economía y en la realidad, encarnadas en una voluntad expansionista de desarrollo a escala planetaria (Escobar, 2018, citado por Servigne et al., 2022: 126). Siguiendo con otro antropólogo, David Graeber, se trata de construir comunidad como un proyecto político de rechazo consciente de ciertas formas de poder político global que lleva a un colectivo a replantearse y reorganizar el modo en que se relacionan entre sí en el ámbito cotidiano (Graeber, 2019: 87).

Para ello, un fundamento filosófico esencial en esta propuesta es abrazar los principios del decrecimiento para salir del imaginario dominante (Latouche, 2008). Dicho de otro modo, la (re)creación de una comunidad no debería contemplar su expansión ilimitada, sino un desarrollo basado en los pilares de la valoración de lo común, la redistribución, la democratización, la desmaterialización y el decrecimiento selectivo. En un contexto de multicrisis global no tendría sentido por lo tanto una expansión ilimitada de la comunidad, por ejemplo por la llegada de refugiados climáticos, sino más bien a partir de cierto umbral demográfico y de huella ecológica, crear una nueva comunidad. Finalmente, frente a la rupturas que supuso la colonización de territorios y cuerpos, se necesita una recomposición de las relaciones entre seres humanos que reconozcan las violencias ejercidas sobre mujeres, personas no-blancas e identidades de género. Ello supone también toda una tarea de descolonización del deseo y de las subjetividades que sobre todo pasa por un análisis crítico de las masculinidades y los valores homófobos y misóginos sobre los que se ha construido (Miró, 2024: 88). Desde un punto de vista aplicado esto supone reconfigurar completamente los roles tradicionales entre hombres y mujeres, donde incluso en las militancias más revolucionarias no es infrecuente ver a las mujeres dedicándose a tareas de cuidados y a los hombres en tareas de acción militante. La periodista quebequesa Julie Francoeur propone para una nueva ruralidad más igualitaria por ejemplo separar el hombre del agricultor, una ruptura con las masculinidades tradicionales heredadas del modelo productivista y el desarrollo de una masculinidad más abierta a la expresión de las emociones, al cambio, a la crítica y a la cooperación en los cuidados (Francoeur, 2023: 64).

Se trata por lo tanto de construir en común, siendo conscientes de las diferencias a través por un lado de instrumentos efectivos de participación, por ejemplo en las asambleas comunales, pero también de espacios seguros para hablar de las violencias del pasado, y de los conflictos inherentes a toda comunidad, donde por mucha buena voluntad que se le ponga, siempre podrá haber micromachismos, microrracismos o algunos comentarios que pueden ser interpretados como anti-LGTBiQ+.

Esta filosofía se aplicaría a los tres principios ya analizados para una nueva ruralidad alegre, autónoma y autosuficiente. Comenzando con la esfera política, y tal y como se ha relatado, no se trata de construir una nueva ruralidad al margen de un Estado y unos regímenes democráticos constantemente atacados y erosionados por el empuje de ideologías de extrema derecha ni de duplicar estructuras creando un estado al margen del estado. Se trata más bien de iniciar una regeneración democrática desde abajo, o dicho de otro modo: construir la democracia desde las aldeas y pequeños pueblos que además en muchos casos no cuentan ni siquiera con instituciones locales como Ayuntamientos. El lugar de reunión, expresión, votación y construcción de políticas fundamental sería el consejo de aldea con voz y voto para todos los miembros de la comunidad, por lo tanto operaría como una suerte de poder legislativo local. Más que presidentes, habría al menos un cargo rotatorio de moderador para organizar las asambleas y fijar normas claras de participación (duración máxima de la asamblea, temas a tratar, tiempos de intervención, tipos de intervención) para asegurar que ésta no fuese monopolizada por ciertas personas con mayor experiencia o prestigio en la comunidad. En este consejo debería de haber un protagonismo destacado de mujeres rurales como grandes ausentes históricas de los órganos de gobierno de los territorios rurales y como mejores guardianas de la perspectiva de subsistencia (Garcia, 2021: 135) anteriormente desarrollada. La toma de decisiones debería realizarse normalmente de forma consensuada. Esto que parece una utopía no lo es tanto, puesto que la mayor parte de las asambleas populares existentes hoy en día así lo hacen, desde las comunidades de habla tzeltal, tzotzil o tojolabal en Chiapas, hasta las fokon'olna de Magadascar (Graeber, 2019: 131).

Desde el punto de vista de la participación política formal en las instituciones, y siguiendo el ejemplo de decenas de municipios en áreas rurales españolas, se podría organizar una agrupación de electores local que concurriese a las elecciones locales y cuyos miembros ostentasen la representación de las voluntades del consejo, tanto en el Ayuntamiento como en otras instancias del Estado. Esta es la única manera de romper el monopolio institucional de partidos políticos y de caciques locales. Para una ruralidad alegre, pero también militante y combativa es fundamental que estas relaciones se fundamenten en estrategias de negociación, para por ejemplo influir en las políticas fiscales del Estado en esa comunidad, pero sin descartar en ningún momento estrategias de presión e incluso de desobediencia civil como se ha relatado anteriormente, sobre todo en escenarios de conflictividad abierta por proyectos que amenazan seriamente la salud y el medio ambiente del territorio cercano, como ocurre con tantos proyectos extractivistas avalados por el Estado. Por último, esta plataforma local también trabajaría para tejer alianzas con otros pueblos y aldeas cercanos y poner en marcha la idea de una biorregión para poder cubrir las necesidades de manera sostenible entre varias aldeas y evitar la duplicidad de servicios o por ejemplo la compra de bienes que quizás otras comunidades cercanas pueden ofrecer. El precedente de las colectividades anarquistas de la Guerra de España o del EZLN en Chiapas puede arrojar luz e ideas en este terreno.

Por otro lado y para cerrar la esfera política, se debería de constituir un consejo jurídico compuesto por un lado por expertos en Derecho y por otro lado por personas con una larga trayectoria vital en la comunidad, una suerte de consejo de ancianos o de sabios con que cuentan muchas comunidades indígenas, para asesorar tanto a la plataforma como al consejo de aldea en materias sensibles como ideas y medidas que pueden colisionar con la institucionalidad del Estado y su sistema legal. No obstante también ejercería una función interna de juez de paz para dirimir conflictos entre vecinos y entre aldeas o comunidades, evitando en la medida de lo posible que dichos conflictos se terminen judicializado por medio del poder judicial del Estado, lo cual podría dar lugar a crisis aún más graves. Los textos de Ostrom (1990) y sus principios de diseño de instituciones de larga duración de los recursos de uso común serían también una importante fuente de inspiración.

La política de generar autosuficiencia y subsistencia solo podría llevarse a cabo creando una serie muy limitada de grupos de trabajo que variaría en tamaño y número de componentes en función del número de vecinos, personas interesadas o formadas en determinados aspectos y prioridades políticas de la comunidad. De nuevo la división de las tareas de gobierno en grupos de trabajo es propio del mundo de las ecoaldeas, pero también de comunidades rurales que deciden ir más allá de las políticas institucionales del Estado y trabajar para mejorar la vida de la comunidad a partir de los principios filosóficos enunciados. En esta propuesta habría seis grupos de trabajo. El Grupo Permacultura trabajaría con el Grupo de Custodia para poner en cultivo parcelas de cultivo y pastos abandonados y previamente cedidos en custodia por sus propietarios. El objetivo sería obtener alimentos para la comunidad siguiendo una perspectiva política de permacultura (Leahy, 2021) y de nuevo, siguiendo la filosofía del decrecimiento. Más que buscar a toda costa la soberanía alimentaria local, se trataría más bien de buscar una cierta y relativa soberanía alimentaria biorregional, priorizando la recuperación de antiguos cultivos aún existentes o el cultivo en antiguas huertas, más que la intensificación o la roturación de nuevas tierras. No obstante, caben otras posibilidades como volver a poner en marcha antiguas explotaciones agrarias abandonadas a través de fórmulas de economía social y solidaria. Países como Argentina con su experencia sobre empresas recuperadas y autogestionadas es un interesante laboratorio de pruebas en este sentido (Deux et al., 2019).

Este grupo de trabajo, de nuevo de la mano con el grupo de custodia encargado de crear y mantener bienes comunales, se encargaría de realizar si fuese posible una gestión forestal en bosques comunales de manera sostenible para obtener leña como fuente de calefacción y de materiales de construcción, frutos del bosque y setas. A partir del análisis realizado sobre ruralidades agropecuarias en crisis, es muy probable que en los próximos años continúe el cierre de explotaciones por jubilación o por imposibilidad de mantener el negocio. Algunas de estas explotaciones y trabajadores serán fundamentales para transicionar hacia una agricultura local y orgánica a medida que la agricultura capitalista globalizada siga su curso de crisis por amenazas como el cambio climático o la competencia de productos más baratos. Para ello no obstante sería fundamental redoblar los esfuerzos en concienciar a los vecinos sobre la importancia de consumir local, ecológico y de km 0 frente a la oferta de alimentos de canales comerciales convencionales. Una vez puesta en marcha la producción en permacultura sería posible comenzar organizando un grupo de consumo local para asegurar la distribución de los alimentos producidos a una distancia relativamente reducida. Todo esto que puede sonar utópico, no está tan lejos de la realidad de algunas ruralidades. En el caso de Québec por ejemplo, después de 80 años de disminución constante en el número de explotaciones agrícolas, por primera vez desde 2021 se observa un repunte, sobre todo de proyectos agrícolas de pequeño tamaño, agricultura ecológica y de proximidad (Francoeur, 2023: 16). En uno de los centros de las ruralidades agropecuarias capitalistas en constante declive, se observa en sus ruralidades nuevos discursos y prácticas relacionadas con la permacultura y con ideas como la simplicidad voluntaria. Ya se ha hablado previamente del escritor Dominique Boisvert, quien justamente fue el fundador de la Red Quebequesa por la simplicidad voluntaria (RQSV) y defendió precisamente una ruralidad productiva basada en estos principios.

En segundo lugar la tribu sería el espacio dedicado a los cuidados de toda la comunidad. Podría trabajar en coordinación con las políticas y equipamientos sociales existentes en la localidad y encargarse de cuidados de personas mayores, vulnerables, enfermas o niños/as sin convertirse en ningún caso en un espacio segregado, separado o de mujeres cuidando ancianos, como en muchos casos termina ocurriendo. Como espacio sería el centro social y de reuniones de la comunidad y su gestión y atención también debería tener un cierto carácter rotatorio que no obedeciese necesariamente a un reparto de tareas según estructuras de familia nuclear, sino más bien un espacio intergeneracional. Esto quiere decir que los niños/as no estarían solo al cuidado de sus padres, sino que éstos podrían dejarlos en este centro donde el grupo de trabajo se encargaría de su cuidado cuando fuese necesario, cuidados por otro lado que sería multidireccional y no solo de adultos a mayores y a niños.

El grupo de trabajo sobre comunicación tendría como función principal precisamente facilitar la comunicación entre los grupos de trabajo, así como entre el Consejo de Aldea, la Plataforma Local y el Consejo Jurídico. Una tarea fundamental sería construir la memoria colectiva de la comunidad recogiendo información a modo de archivo multimedia sobre las actividades que se van realizando, actas de reuniones, jornadas festivas, vecinales, etc. En muchos colectivos y asociaciones la falta de un trabajo sistemático de documentación y base de datos dificulta en muchos casos su activismo. En segundo lugar la tarea fundamental sería la de constituirse como el órgano local de información y difusión redactando y difundiendo noticias no solamente sobre cuestiones externas que afectan al territorio donde se asienta la comunidad, sino también sobre noticias de cuestiones de interés internas a la comunidad, como el anuncio de actividades a realizar, el balance sobre actividades y reuniones pasadas, etc. Podría comenzar siendo simplemente una cuenta en una red social para una comunidad que comienza o que apenas dispone de medios, hasta una emisora de radio local.

Para la salud y la educación se pueden poner en marcha dos grupos de trabajo de educación y salud comunitaria que tienen también numerosos precedentes tanto en barrios como en comunidades rurales de Latinoamérica, África subsahariana y Norteamérica y una larga tradición sobre todo en el caso latinoamericano. Estos dos grupos de trabajo trabajarían en coordinación con el centro de salud si lo hubiera, y el centro educativo del pueblo para educar y sanar en comunidad, pero sin renunciar a los conocimientos locales en estos ámbitos. En el caso del ámbito de la salud y después de las reflexiones realizadas en torno al principal desafío de la humanidad que es la multicrisis global climática, ambiental y alimentaria, es importante adoptar nuevos paradigmas como el de *one health*. Este paradigma surgido en 2003 después de la epidemia de síndrome respiratorio agudo grave (SARS) plantea la idea de que solamente la salud de una persona está completamente garantizada cuando también se garantiza la buena salud de la población en que vive, y de los ecosistemas circundantes (Mackenzie y Jeggo, 2019). Según estos autores, la mayoría de las nuevas enfermedades infecciosas zoonóticas emergentes se originan en los animales, especialmente en la fauna salvaje, y los principales factores de su aparición están relacionados con las actividades humanas, incluidos los cambios en los ecosistemas y en el uso del suelo, la intensificación de la agricultura, la urbanización y los viajes y el comercio internacionales (Mackenzie y Jeggo, 2019), por lo tanto la alteración de la fauna y sus hábitats puede terminar desencadenando problemas de salud humana incluyendo epidemias. La función de este grupo en una determinada comunidad debería tener como objetivo la mejora de la salud de dicha comunidad, pero también del entorno natural, lo que además implicaría transitar hacia una relación más armónica con el medio ambiente. Esto incluiría, además de jornadas y actividades sobre hábitos de vida y alimentación saludable aprovechando la producción del grupo de permacultura, negociar con responsables de actividades que suelen ser fuentes de degradación ambiental como la ganadería intensiva, la agricultura industrial, la actividad industrial, pero también reevaluar actividades domésticas como el uso de detergentes, aceites o envases ligeros, para disminuir su impacto ambiental.

En el caso de la educación, Educ&arte es una propuesta de grupo de trabajo para acompañar en la educación no solo de niños/as, sino también de adultos donde el arte tendría un papel fundamental. En palabras de Bamford (2009), más que educación en las artes, se trata de educar mediante las artes y la naturaleza. El objetivo de este grupo de trabajo sería organizar acciones formativas complementarias al itinerario escolar que explorasen cuestiones culturales y naturales propias del entorno donde se encuentra la comunidad. Si durante décadas se ha construido un imaginario colectivo y un sistema educativo que en el mejor de los casos no hacía mención alguna, cuando no despreciaba la riquísima cultura rural existente en el territorio, el cambio ha de provenir desde la misma educación (Del Romero, 2018), pero no solo desde el itinerario educativo obligatorio, que no siempre es posible, sino desde acciones desarrolladas por este grupo a partir de las propuestas debatidas en el consejo y orientaciones pedagógicas alternativas como la pedagogía de Freire entre muchas otras. En esta oferta educativa y de actividades no solo tendría un papel fundamental el arte, sino también la naturaleza utilizando por ejemplo el Land Art, puesto que permite a través de la variedad de materiales que ofrece cualquier ámbito natural (semillas, hojas, frutos de árboles) un desarrollo en los niños más receptivo con su entorno natural, y así generar conciencia y cuidado sobre su entorno natural (Cerón y Córdoba, 2019). La organización de actividades formativas y divulgativas en este sentido puede contribuir no solo a aumentar la sensibilidad con el medio ambiente, sino que si estas se organizan con carácter intergeneracional, serían fundamentales para fortalecer la comunidad, sus valores democráticos y su importancia frente a las pasiones tristes y discursos de odio tan extendidos.

Por último el grupo de custodia tendría como finalidad básica mantener, reclamar y organizar los bienes comunales de la comunidad, incluyendo aquí no solo espacios, sino también costumbres y tradiciones comunales como se analizó en capítulos anteriores. Este grupo podría organizar las jornadas de recogida de leña, de mantenimiento de caminos, edificios o infraestructuras de la comunidad, estudiar y analizar el derecho consuetudinario existente en el territorio o la posibilidad de implantar usos y costumbres comunales si no las hubiera, y mantener una posición beligerante en el caso de llevarse a cabo políticas de destrucción o privatización de los bienes comunales. Sobre esta cuestión también es abundante la bibliografía y los análisis de casos, aunque libros como el de Menzies (2014), Laval y Dardot (2015), Shiva (2020) o Gallent et al., (2025) son buenas referencias.

Todas estas acciones de los seis grupos de trabajo, para cumplir sus objetivos y no contraprogramar ni saturar el calendario anual de actividades, deberían de coordinarse e intentar desarrollarse desde una postura de militancia alegre como ya se explicó. Lo que denominamos «espiral» no es otra cosa que una propuesta de problematización de nuestra concepción lineal (y urbana) del tiempo, para recuperar otra concepción más relacionada con la naturaleza y la cosmovisión de multitud de sociedades indígenas que no es otra cosa que un tiempo en espiral con una serie de ritos y tradiciones que se van repitiendo en el tiempo y que ayudan a dar sentido e identidad a una comunidad. La espiral sería por lo tanto el calendario anual de actividades que tanto los seis grupos de trabajo como el consejo de aldea decide organizar: las jornadas de trabajos comunitarios (vecinales), que se repetirían en el tiempo año a año, las de trabajo comunitario en las tierras en cultivo, por ejemplo en momentos de cosecha, jornadas festivas (bureos) coincidentes o no con jornadas de trabajo donde se mostrarían proyectos y actividades del grupo Educ&Arte como una obra de teatro por ejemplo, o un concierto de música o jornadas de divulgación sobre un determinado tema organizado por el Grupo de Comunicación con ayuda de otros grupos y vecinos. Un tipo de actividad fundamental que formaría parte de estas jornadas serían las jornadas low tech que tendrían como función analizar, divulgar o debatir sobre la posibilidad de reutilizar, reintroducir o modificar técnicas y tecnologías más simples para satisfacer necesidades de la comunidad. Una posible jornada *low tech* podría consistir, por ejemplo, en fabricar lejía de cenizas de combustión de chimenea para la limpieza de vajillas o ropa disminuyendo así el uso de productos químicos y envases de plástico.

Por último es fundamental para el fortalecimiento de una militancia alegre, autónoma, pero también igualitaria y armónica entre distintos colectivos, la organización de talleres no mixtos donde se debata sobre violencia de género, de masculinidad hegemónica, de la invisibilización de colectivos con diferentes orientaciones sexuales, de conflictos de identidad, pero sobre todo como espacios de libre expresión más allá del ámbito del consejo de aldea o de la esfera familiar, así como para detectar posibles casos de violencia o abusos que se pueden dar en cualquier colectivo. Este tipo de talleres, así como muchas otras actividades no solo tendrían cabida dentro de la comunidad, sino también a nivel supramunicipal, comarcal o de biorregión.

Se trata de una propuesta metodológica que puede servir para cualquier colectivo de personas que o bien ya vive en una zona rural y es consciente de los desafíos que enfrentan y de la historia de violencias sufridas colectivamente o que desea cambiar de proyecto de vida y migrar al medio rural para comenzar una nueva vida. Estas nuevas ruralidades, que por otro lado ya están en construcción en multitud de lugares, pueden multiplicarse a partir de pequeñas comunidades concienciadas con la crisis ambiental, a través de microprácticas disidentes. Pueden nacer entre varios vecinos de un mismo pueblo, entre los integrantes de una cooperativa agropecuaria o un movimiento indígena que está perdiendo sus raíces de apego a la tierra y sus cosmovisiones animistas por las oleadas modernizadoras. Y desde el mundo urbano pueden surgir en barrios, grupos de consumidores o plataformas ciudadanas que apoyen a productores locales, luchas contra proyectos de gran impacto ambiental en el medio rural, o modos de vida imperiales dependientes, tecnoadictos e individualistas como los de Daniel al principio del libro y apoyar nuevas comunidades a partir de modos de vida como los de Sofía. Ya solo votar a opciones que no alimentan las pasiones tristes, dejar de comprar en Amazon o cualquier servicio o producto de grandes empresarios en gran parte responsables de la actual multicrisis global, no confundir ocio con entretenimiento digital, consumir productos de proximidad lo más ecológicos posibles y tratar de vivir con los principios de una sobriedad feliz sería un inicio prometedor. Está claro que aun así ello no resolverá la grave crisis en la que se encuentran las democracias liberales, pero puede ser el comienzo de un camino de regeneración democrática pero con una filosofía totalmente distinta, más consciente del actual régimen de desigualdades y por lo tanto de las violencias ejercidas por el sistema estado-capital. Desde abajo y desde los márgenes puede consolidarse el resurgimiento de la ruralidad como algo más que un espacio al servicio de un espacio de oportunidad para un nuevo ciclo democrático basado en la alegría y la esperanza, más que en las pasiones tristes y el repliegue hacia la nación, la familia o el individuo. Frente a la ecoansiedad, los discursos ecofascistas, reaccionarios, xenófobos o racistas se trata de cambiar el relato de la ruralidad y desde la ruralidad. Se trata de empezar aquí y ahora. Y de nuevo citando a Antonio de Guevara, la aldea rural puede ser un punto de inicio en esta senda:

> «¡Oh!, bendita tú, aldea, a do la casa es más ancha, la gente más sincera, el aire más limpio, el sol más claro, el suelo más enjuto, la plaza más desembarazada, la horca menos poblada, la república más sin rencilla, el mantenimiento más sano, el ejercicio más continuo, la compañía más segura, la fiesta más festejada y sobre todo los cuidados muy menores y los pasatiempos mucho mayores» (Guevara, 1539: 23).

EPÍLOGO: SOFÍA, DANIEL Y EL PUEBLO

Daniel llega a su casa completamente abatido. No entiende en qué momento se torció toda su vida ni por qué todo le va tan mal. Siempre se ha considerado un ciudadano ejemplar: paga sus impuestos, no ha estado desempleado, goza o gozaba de buena salud, es puntual, no se queja de nada, recicla y pasa desapercibido con sus vecinos sin causar molestia alguna. Trata de ordenar sus pensamientos para intentar entender su situación de profundo desasosiego. Enseguida le viene a la mente el día de la reunión de su empresa.

La consultora donde trabaja se dedica al análisis de datos y al diseño de estrategias de crecimiento de empresas. Acababa de ser comprada por un fondo de inversión que pretendía un objetivo de crecimiento del 10 % anual, lo que implicaba una profunda reestructuración. Concretamente se planteaba reducir drásticamente su departamento de análisis del comportamiento del consumidor introduciendo nuevas herramientas de IA, con lo que su puesto de trabajo podría desaparecer. Él, que había hecho tanto por esa empresa, tantas horas extras, viajes intempestivos en días festivos para visitar a clientes y había consolidado una cartera de clientes de empresas de referencia. Ahora todo el discurso sobre reestructuración se resumía en una bajada de sueldo y un cambio de departamento. Ahora que se acababa de comprar su nuevo Tesla de casi 50.000 euros y tenía que afrontar una cuota mensual de 800 euros, a lo que había que sumar su hipoteca y el coste de una reforma en el baño que le habían cobrado a precio de oro por un problema de humedades. Literalmente estaba ahogado en deudas con muchos más gastos que ingresos. Para colmo dos días después su relación abierta con la nómada digital había terminado abruptamente cuando esta le dijo que notaba en él malas vibraciones, que ella no quería quedarse estancada en una ciudad y no comprometerse con nadie. Se despidió diciendo que quería emprender una nueva aventura en Singapur.

La cosa empeoró el día fatídico del apagón. Recuerda como en los días previos había habido en medio país una ola de calor histórica con varios incendios forestales, uno de los cuales afectó a la red eléctrica. Eso y el consumo masivo de aire acondicionado había dejado durante horas a la ciudad sin luz. Daniel se quedó completamente desamparado: la puerta del garaje domótico no funcionaba y por lo tanto no podía sacar su reluciente Tesla y huir de allí; su cocina y nevera inteligente dejaron de funcionar e incluso la red de internet falló. Él que no sabía ni cocinar un huevo frito tuvo que cenar a oscuras un kebab comprado en un estableciemiento del barrio y no pegó ojo por el calor y la ansiedad de no poder consultar su móvil que se había quedado sin batería. Para colmo su empleada del hogar en esos mismos días le había dicho que dejaba su trabajo harta de cobrar en negro y ahora tenía la casa hecha un desastre, lo cual no ayudaba a su desasosiego.

Se tumba en el sofá rememorando estas desgracias y piensa en pedir cita a su psiquiatra a ver si podía volver a recetarle aquellas pastillas contra la ansiedad y el insomnio. Eso, una copita de vino y una buena cena en aquel vietnamita del barrio seguramente le levantarían el ánimo. Sin embargo, en ese momento recordó como la última vez ya le advirtió el psiquiatra de que no le podía seguir recetando ese medicamento tan fuerte, a lo que añadió con un tono de sorna, que más que drogas necesitaba un buen sindicato por lo que le habían hecho en su trabajo y empezar terapia psicológica. Daniel se escandalizó. Aunque se consideraba un hombre moderno y liberal, consideraba que eso de la terapia no era para él, un hombre fuerte, hecho a sí mismo que nunca había necesitado ayuda de nadie y que había ligado mucho en Tinder.

Se consigue calmar un poco embobado con el móvil y le llama la atención una noticia que habla de gente que ha cambiado drásticamente de vida, que ha decidido parar su ritmo vital frenético y lo que han ganado en salud. Estaba a punto de entrar en Amazon para mirar las ofertas de electrónica de la semana, pero ese artículo publicado por un periódico tradicional por un redactor con un contrato precario le ha iluminado la mente. La verdad es que ahora que lo piensa empieza a estar verdaderamente harto de su empresa, de los atascos diarios para llegar al trabajo, de no tener apenas tiempo para cultivar amistades, y de la ciudad masificada, cara y agobiante donde vive. Eso le recuerda que hace meses que lleva posponiendo una visita al pueblo de sus abuelos donde su madre heredó una casita a la que hace años que no va porque allí no hay nada que hacer. Había prometido a su madre ir cuanto antes para ponerla a la venta y como tiene el fin de semana por delante y en la ciudad sigue haciendo mucho calor, decide posponer de momento la visita al psiquiatra y cambiar de aires, al menos para huir del calor.

Para en el supermercado del pueblo donde trabaja Sofía para comprar un plato preparado para microondas y le llama la atención un cartel que habla de algo de una cooperativa y una charla sobre salud mental en el trabajo. Sofía le cuenta que es un proyecto que tienen desde hace un par de años de una cooperativa de servicios para el pueblo y que es algo muy interesante. Le invita a pasarse luego porque habrá un pequeño concierto de un músico local y vendrá bastante gente y Daniel responde diciendo que se lo pensará. El regreso a la casa de los abuelos le parece un viaje en el tiempo. Como hacía años que no iba y tan solo la utilizaban sus primos en días de fiesta había olvidado detalles como la enorme mesa del comedor donde de muy pequeño aún recuerda cuando se reunía entre familia y vecinos más de 15 personas la noche de nochevieja, la cocina que parecía de una serie de los años 70, pero el detalle más importante que había olvidado es que allí la cobertura de móvil era más que deficiente. Ante la perspectiva de quedarse toda la noche sin móvil, prefiere pasarse por la actividad que le ha contado Sofía.

Lo que más le sorprende a su llegada no es ya solo la cantidad de gente que hay, él que pensaba que aquello era una cosa de cuatro hippies, sino que hay gente de toda condición y edad incluyendo niños, que encima parecen ser hijos de una pareja de mujeres lesbianas que se sientan en segunda fila. La charla en sí no le dice a Daniel nada nuevo que no sepa, aunque le llama la atención la idea de «One Health» de la que no había oído hablar, y sobre todo la presentación inicial de la cooperativa, de todas las actividades vecinales que organizan, incluyendo una jornada vecinal de recuperación de uno de los caminos tradicionales del pueblo al bosque comunal.

Tras la charla y antes del concierto vence su timidez para hablar con el encargado de la charla que no es otro que la pareja de Sofía. Quiere saber un poco más sobre la cooperativa y de dónde surge esa idea en ese pueblo donde tenía entendido que solo quedaban cuatro gatos. Además, él como consultor de empresa puede echar una mano para que la cooperativa crezca, pero se queda mudo cuando Sofía, que es la coordinadora de la cooperativa, le dice que no tiene ninguna intención de crecer y que están muy bien haciendo cosas en el pueblo. La pareja de Sofía invita a Daniel a una cerveza para que supere su momento de bloqueo y le dice que entiende lo que quiere decir, porque acaba de estudiar un grado en relaciones laborales donde les machacaban con estas ideas, pero a él lo que más le gustaba era la parte en la que se hablaba de salud laboral, que es donde se terminó especializando. Le cuenta como hasta hace pocos años vivía completamente enfadado con el mundo, con un trabajo mal pagado en una explotación de ganadería intensiva que hace poco que cerró y que no paraba de culpar a todo el mundo de sus males: a su pareja, a los inmigarntes recién llegados al pueblo, al Gobierno, a los medios de comunicación, a los vecinos, etc. El día en que tuvo un accidente laboral por operar una carretilla medio dormido decidió cambiar de vida, dejar su empleo y ponerse a estudiar. Tiempo después montaron la cooperativa con cuatro amigos y la pareja y ahora compagina su labor dando charlas en toda la comarca sobre salud laboral, con la agricultura ecológica y algún empleo temporal. El *homo economicus* que Daniel lleva dentro se revuelve contra todo esto: dejar su trabajo fijo como encargado en una importante empresa del sector por una vida precaria e insegura le parece una pésima decisión…, a la porra con su crecimiento personal y su mejora en su carrera profesional. Sofía le responde que prefieren un trabajo para vivir y no al revés, que quieren tener tiempo para hacer otras cosas, cosa que Daniel no tiene en su prestgiosa consultora multinacional y que la clave no está en cuánto dinero ganas, sino en cuánto gastas y en qué nos alegra realmente la vida, si consumir o más bien otras cosas como el contacto con la naturaleza, las amistades, el ejercicio físico o la creatividad, experiencias que Daniel apenas ha vivido en los últimos años. Guardan silencio porque el concierto va a empezar. La verdad es que la voz del cantante que es del pueblo de al lado deja un poco que desear, pero a Daniel le da igual porque más que prestar atención al concierto y a la gente que abarrota la plaza del pueblo, está ensimismado pensando si realmente es buena idea eso de vender la casa del pueblo.

REFERENCIAS

ABCNews (2024): Election 2024 results and live updates. En línea: https://abcnews.go.com/Elections/2024-us-presidential-election-results-live-map/

Almazán, A. (2016): ¿Ruralidad o barbarie? *Oxímora, Revista Internacional de Ética y Política,* 8, 148-160.

Almazán, A. (2021): *Técnica y tecnología.* Madrid: Taugenit.

Aparici, A. (2023): La mirada satírica y crítica del los «bureos» de las masías. En: *X Seminario Recartografías.* San Agustín, 1 de abril de 2023.

Arboleda, M. (2021): *Gobernar la utopía. Sobre la planificación y el poder popular.*

Buenos Aires: Caja Negra.

Arendt, H. (2009): *La condición humana.* Barcelona: Paidós.

Arias, M.(2024): *(Pos)verdad y democracia.* Barcelona: Página indómita.

Ariño, A., y Romero, J. (2016). *La secesión de los ricos.* Barcelona: Galaxia Gutenberg.

Aristizábal, J. (2022): *El paradigma relacional.* En: Papeles de relaciones ecosociales y cambio global, 12, 113-128.

Badia, F. (2021): *A green paradox: Deforesting the Amazon for wind energy in the Global North.* En: openDemocracy. En línea: https://www.opendemocracy.net/en/democraciaabierta/deforesting-the-amazon-for-wind-energy-in-the-global-north-a-green-paradox/?utm_source=tw Consulta: [11-febrero-2022].

Bamford, A. (2009). *El factor ¡WUAU! El papel de las artes en la educación, un estudio internacional sobre el impacto de las artes en la educación.*

Barahona, I. (2024): La Junta facilitará la llegada de renovables a terrenos comunales. En: La Opinión. EL correo de Zamora. En línea: https://www.laopiniondezamora.es/comarcas/2024/01/13/junta-facilitara-llegada-renovables-terrenos-96834360.html

Baraja Rodríguez, E., Herrero Luque, D., & Martínez Arnáiz, M. (2021). Política *Agraria Común y despoblación en los territorios de la España interior (Castilla y León).* AGER: revista de estudios sobre despoblación y

desarrollo rural= journal of depopulation and rural development studies. 2021, n. 33, págs. 151-182.
Bardají, K. (2021): La ruralidad asturiana contra el estado. En: Revolucionintegral.org. En línea: https://revolucionintegral.org/index.php/item/584-la-ruralidad-asturiana-contra-elestado?fbclid=IwAR2DtUNdKzZUQ03AIdzOD8M1HPFIBCBuxWM6EPwg6nEUNSJIELdnYgDN1PQ
Barkin, D. (2001). *La nueva ruralidad y la globalización. La nueva ruralidad en América Latina, 2*, 21-40.
Barreto, M. (2021): Paraguay: *La lucha por la tierra: «la madre de las batalles»*. En línea: https://programatierras.org/wp-content/uploads/2022/07/PARAGUAY-LA-LUCHA-POR-LA-TIERRA-LA-MADRE-DE-LAS-BATALLAS.pdf
Barros, C. (2000): *Reflexiones sobre la relación entre lugar y comunidad. Documents d'Anàlisi Geogràfica*, n.º 37, págs. 81-94.
Bauman, Z. (2022): *Modernidad líquida*. Fondo de Cultura Económica.
Bayo, S. (2024): *¿Cooperación o neocolonialismo? Las relaciones Norte-Sur más allá dle altruismo*. XI Seminario Recartografías: ¿Qué cooperación para qué desarrollo rural?. Valencia, 29 de febrero de 2024.
Bénézit, M. (2021): *Il est où le patron? Chroniques de paysannes*. Vanves: Marabulles/éditions Marabout.
Bengoa, J. *25 años de estudios rurales*. Sociologías 5 (10) (2003): 36–98.
Bergman, C. y Montgomery, N. (2023): *Militancia alegre. Tejer resistencias, florecer en tiempos tóxicos. Traficantes de Sueños.*
Berekashvili, B. (2018): *Democracy and liberalism: crisis, pathologies and resistance. The Copernicus Journal of Political Studies*, (2), 29-59.
Bidar, A. (2021): *Les tisserands. París: Les liens qui Libérent.*
Blakemore, E. (2023): The enslaved native Americans who made the gold rush possible. En: History. En línea: https://www.history.com/news/the-enslaved-native-americans-who-made-the-gold-rush-possible
Bobbio, N. (2003): *Teoría general de la política*, Madrid, Trotta.
Boisvert, D. (2005). *L'ABC de la simplicité volontaire*. Montréal: Éditions Ecosociété.
Bollero, D. (2013): *Thatcher o el individuo por encima de la colectividad*. Público. En línea: https://www.publico.es/internacional/thatcher-o-individuo-colectividad.html
Brand , U. y Wissen, M. (2021): *Modo de vida imperial*. Buenos Aires: Tinta Limón.
Cabanillas, R. (2019): *Quercus. En la raya del infinito*. Toledo: Cuarto Centenario.
Calderón, F. (2013): Quintana de la Peña. En: *Los pueblos deshabitados*. En línea: https://lospueblosdeshabitados.blogspot.com/search/label/Quintana%20de%20la%20Pe%C3%B1a
Calzadilla, A. et al. (2013). *Climate change impacts on global agriculture. Climatic change, 120*, 357-374.
Carnicero, L. (2023): Un extrabajador del Inaga alerta de la aprobación de expedientes de renovables «sin informe». En: El Periódico

de Aragón. En línea: https://www.elperiodicodearagon.com/aragon/2023/05/11/extrabajadores-inaga-alertan-aprobacion-expedientes-87179306.html
Castany, B. (2022): *Una filosofía del miedo.* Barcelona: Anagrama.
Castells, M. (2017): *Ruptura. La crisis de la democracia liberal.* Barcelona: Alianza Editorial.
Castells, M. (2019): *La crisis global de la democracia liberal.* Puerto de Ideas, Valparaíso (Chile), 13 de noviembre de 2019. En línea: https://www.youtube.com/watch?v=q9blcS9bxO0
Castro, H., y Zusman, P. (2007). *Redes escalares en la construcción de los patrimonios de la humanidad. El caso de la patrimonialización de la Quebrada de Humahuaca* (Jujuy, Argentina). GEOUSP Espaço e Tempo (Online), 11(1), 173-184.
Castro, A., y Castro, H. (2023). *Imaginarios geográficos en torno al río Santa Cruz: materialidades creativas y activismos territoriales en el capitaloceno.* Espacios de crítica y producción, (59), 34-49.
Cenizo, N. (2015): La aldea que se tragó la guerra y que volvió a la vida. En: Eldiario.es. En línea: https://www.eldiario.es/andalucia/pasaporte/aldea-trago-guerra-volvio-vida_1_2388392.html
Cerón, I. y Córdoba, O. (2019). *Arte y naturaleza, innovación en la educación.* Revista Entrelíneas, (7), págs. 66-69.
Chayanov , A. V. (1986): *The Theory of the Peasant Economy* (Manchester University Press)
CIFFC (2024). Canada Report. 2023 fire season. En línea: https://www.ciffc.ca/sites/default/files/2024-03/CIFFC_2023CanadaReport_FINAL.pdf
Cloke, P. (2006). *Conceptualizing rurality. Handbook of rural studies, 18,* 18-28.
Collectif Fortes (2020*): Le manuel de la grande transition.* París: LLC.
Comisión Europea (2023): Acuerdo de Libre Comercio UE-Nueva Zelanda. En línea: https://trade.ec.europa.eu/access-to-markets/es/content/acuerdo-de-libre-comercio-ue-nueva-zelanda
Comuna de Moigny-sur-École (2022): Attention village français. En línea: https://www.moigny-sur-ecole.com/a-la-une/attention-village-francais/
Concello d'Artieda (2025): Proyectos en marcha. En línea: https://www.artieda.es/
Christin, R. (2018): *Manual del anti-turismo.* Valencia: Fuera de ruta.
Christin, R. (2018b): *Mundo en venta. Crítica de la sinrazón turística.* Ediciones EL Salmón.
Crouch, C. (2004): *Posdemocracia.* Barcelona: Taurus.
Crutzen, P. (2002): *Geology of mankind.* En: Nature, vol. 415, nº 6867, pág. 23.
CWFIS (2024). Interactive map. En línea: https://cwfis.cfs.nrcan.gc.ca/interactive-map?zoom=2&center=-730574.5513894046%2C756563.9859018142&month=5&day=28&year=2023#iMap
De Bonald, L. (1823): *Ensayo analítico acerca de las leyes naturales del*

orden social o del poder, del ministro y del súbdito en la sociedad. Madrid: Imprenta Real.

Del Romero, L. (2018): *Despoblación y abandono de la España rural. El imposible vencido.* Valencia: Tirant, 305 págs.

Del Romero, L., Valera, A. y La Roca, N. (2021): *En busca de La Ferté. Viaje por el patrimonio industrial abandonado de Teruel.* Teruel: Recartografías.

Del Romero, L. (2023): *El arte de vivir en la España vaciada: colonialismo energético, crisis climática y transición ecosocial.* Madrid: Fuhem.

Deriu, Marco. 2022. *Un compañero de viaje no ideológico: Jean Robert y el decrecimiento.* Bajo el volcán. Revista del Posgrado de Sociología. BUAP 3.6: 57-82.

Descola, P. (2005): *Par-delà nature et culture.* París: Gallimard.

Deux, M.V., Beckmann, E.I. y Cardozo, L. (2019): *Las políticas de promoción de la Economía Social y Solidaria en Santa Fe: Un mapeo de «lo existente» para imaginar «lo posible».* Revista del Observatorio Social sobre Empresas Recuperadas y Autogestionadas N°14, 2019, págs. 36-52.

Deverre, C. (2009): *Robert redfield et l'invention des «sociétés paysannes», Études rurales,* 183 | 2009, 41-50. https://doi.org/10.4000/etudesrurales.8908

DGARD (2021). *Ageing of Europe's farmers remains a major challenge in rural areas.* On line: https://agriculture.ec.europa.eu/news/ageing-europes-farmers-remains-major-challenge-rural-areas-2021-04-08_en

Directiva 2023/2413 de 18 de octubre de 2023 por la que se modifican la Directiva (UE) 2018/2001, el Reglamento (UE) 2018/1999 y la Directiva 98/70/CE en lo que respecta a la promoción de la energía procedente de fuentes renovables y se deroga la Directiva (UE) 2015/652 del Consejo. Diario Oficial de la Unión Europea de 31 de octubre de 2023.

Dubet, F. (2020): *La época de las pasiones tristes. De cómo este mundo desigual lleva a la frustración y el resentimiento, y desalienta la lucha por una sociedad mejor.* Buenos Aires: Siglo XXI.

Duch, G. y Soler, C. (2015): Porcs, pagesia catalana i sobirania alimentària. Revista Soberanía alimentaria y El Crític. En línea: https://www.elcritic.cat/reportatges/porcs-pagesia-catalana-i-sobirania-alimentaria-10944

Duch, G. (2019): *La España llena. Sobre la radical insostenibilidad de las ciudades.* Soberanía Alimentaria, nº 34, págs. 10-11.

EjAtlas (2024): *Global Atlas of Environmental Justice.* On line: https://ejatlas.org/

ElDiarioAragón (2022): Huesca es la provincia de España con un mayor número de municipios con macrogranjas. En línea: https://www.eldiario.es/aragon/huesca-provincia-espana-mayor-numero-municipios-macrogranjas_1_8665929.html

El Periódico (2024): El consumo de carne en España creció un 2,7 % en 2023 tras años de caída en picado. En línea:

https://www.elperiodico.com/es/economia/20240222/consumo-carne-espana-crecio-2023-98518865

Engels, F. (2015): *Antidühring: La subversión de la ciencia por el señor Eugen Dühring*. Ediciones Ciencia Marxista.

Epdata (2022): Las elecciones en Brasil 2022, en gráficos. En línea: https://www.epdata.es/datos/elecciones-brasil-graficos-datos-mapas-comicios/674

Escrig, J. i Aparici, A. (2022): *Xodos, un poble del Penyagolosa. Dels orígens a la nova ruralitat*. Universitat Jaume I.

ESPON (2025) *Population structures in Europe*. Available at: https://gis-portal.espon.eu/arcgis/apps/dashboards/9ff67f0b91b24a919731e1f5e73b15e0

Eurostat (2023). *Predominantly rural regions experience depopulation. News articles*. En línea: https://ec.europa.eu/eurostat/web/products-eurostat-news/w/ddn-20230117-2

Faburel, G. (2023): *Indecénce urbaine. Pour un nouveau pacte avec le vivant*. Flammarion.

Fandos, E. (2021): Los ecologistas alertan del impacto de las megaplantas solares al cubrir suelo fértil. Levante – EMV. En línea: https://www.levante-emv.com/ribera/2021/02/12/ecologistas-alertan-impacto-megaplantas-solares-34514584.html

Fayos, E. y Pascual, L. (2020): Un documento revela la propuesta del proyecto Maestrazgo-Els Ports a Wyss Foundation para obtener financiación. En: El Salto Diario. En línea: https://www.elsaltodiario.com/parques-naturales/documento-revela-propuesta-proyecto-maestrazgo-elsports-wyss-foundation-obtener-financiacion

FAO (2014): *Agricultores familiares. Alimentar al mundo, cuidar el planeta*. En línea: https://www.fao.org/3/mj760s/mj760s.pdf

Federici, S. (2010): *Calibán y la bruja. Mujeres, cuerpo y acumulación originaria*. Madrid: Traficantes.

Federici, S. (2013): Permanent reproductive crisis. An interview by Marina Vishmidt. En línea: https://www.metamute.org/editorial/articles/permanent-reproductive-crisis-interview-silvia-federici

Fernández, J. R. M. (1998). *El régimen comunal y la reproducción de la comunidad campesina en las sierras de La Rioja, siglos XVIII-XIX*. Historia agraria: Revista de agricultura e historia rural, (15), 75-112.

Filosofía&Co (2022): *El miedo que todo lo destruye*. En línea: https://filco.es/una-filosofia-del-miedo/

Fletcher, R. (2019): *Neoliberalismo y turismo*. E. Cañada & I. Murray (Eds.), *Turistificación global. Perspectivas críticas en turismo*, 37-52.

Francisco, papa (2019): Carta encíclica laudato si' del Santo Padre Francisco sobre el cuidado de la casa común. En línea: https://www.vatican.va/content/dam/francesco/pdf/encyclicals/documents/papa-francesco_20150524_enciclica-laudato-si_sp.pdf

Francoeur, J. (2023): *Sortir du rang. La place des femmes en agriculture*. Montreal: Éditions du remue-ménage.

Galeano, E. (2004): *Las venas abiertas de América Latina.* México: Siglo XXI editores.
Gallent, N., Gkartzios, M., Scott, M. & Purves, A. (2025): *Postcapitalist countrysides. From commoning to community wealth building.* Londres: UCL.
Gancedo, E. (2015): *Palabras mayores.* Logroño: Pepitas, 2015.
Gandhi, M.K: (1951): *Towards non-violent socialism.*Navajivan Publishing House.
Gandhi, Mohandas K. (2009) *Autobiography. The Story of My Experiments With Truth,* The Floating Press [1940], Auckland.
Garcia, R. (2021): *La colapsología o la ecología mutilada.* Buenos Aires: La Cebra.
García, S. (2021): *Los límites de Descartes en el dominio de la naturaleza. Logos.* Anales del Seminario de Metafísica, 54 (2), 2021: 471-488.
Gargoi, R. Et al. (2024): Última hora de los efectos de la DANA en Valencia, en directo: ayudas, desaparecidos y cifra de muertos. En: El Periódico de España. En línea: https://www.epe.es/es/sociedad/20241128/directo-ultima-hora-dana-azota-costa-mediterranea-sur-peninsula-110836414
Garrido, F. (1962). *Sobre los bienes comunales.* Revista de Estudios de la Administración Local y Autonómica, 673-692.
Gebara, I., (2000): *Intuiciones ecofeministas. Ensayo para repensar el conocimiento y la religion.*Madrid, Trotta.
Generalitat de Catalunya (2023): Informe anual del sector porcí 2022. Grup de Gestió Porcina. En línea: https://agricultura.gencat.cat/web/.content/de_departament/de02_estadistiques_observatoris/08_observatoris_sectorials/04_observatori_porci/informes_anuals/fitxers_estatics/Observatori-del-Porci-Anual-2022-.pdf
Gkartzios, M. (2025): *Postcapitalist trajectories,beyond land.* En: Gallent, N., Gkartzios, M., Scott, M. & Purves, A. (2025): *Postcapitalist countrysides. From commoning to community wealth building.* Londres: UCL, pp. 63-75.
Goldman, E. (2006): *Living my life.* Penguin classics.
González Reyes, L. (2020): *Entre el límite y el deseo: líneas estratégicas en el colapso de la civilización industrial.* En: El Salto. En línea: https://www.elsaltodiario.com/ecologia/entre-limite-deseo-lineas-estrategicas-colapso-civilizacion-industrial
Gorz, A. (1967): *Estratègia obrera i neo-capitalisme.* Edicions 62.
Graeber, D. (2018): *Bullshit jobs. A theory.* Nueva York: Simon&Schuster.
Graeber, D (2019): *Fragmentos de teoría anarquista.* Barcelona: Virus Editorial.
Graeber, D y Wengrow, D. (2021): *The dawn of everything. A new history of humanity.* London: Farrar, Straus & Giroux.
Greenpeace (2021): *Viaje al interior de las macrogranjas.* En línea: https://es.greenpeace.org/es/en-profundidad/viaje-al-interior-de-las-macrogranjas/
Guevara, A. (1539): *Menosprecio de Corte y Alabanza de Aldea.* En

línea: https://www.biblioteca-antologica.org/es/wp-content/uploads/2017/10/GUEVARA-Menosprecio-de-corte-y....pdf
Guilluy, C. (2014): *La France périphérique*. París: Flammarion.
Halfacree, K (1994). *The importance of «the rural» in the constitution of counterurbanisation: evidence from England in the 1980. Sociologia Ruralis*, 34: 164-189
Halfacree, K. H. (1996). *Out of place in the country: travellers and the «rural idyll». Antipode, 28*(1), 42-72.
Han, Byung-Chul (2019): *La sociedad del cansancio*. Barcelona: Herder.
Harvey, D. (1982): *The limits to capital*. Basil Blackwell.
Harvey, D. (2012). *Rebel cities: From the right to the city to the urban revolution*. Verso books.
Hayes, N. (2020): *The book of trespass. Crossing the lines that divides us*. Londres: Bloomsbury.
Herrero, A. (2017): *Ecofeminismos: apuntes sobre la dominación gemela de mujeres y naturaleza*. Ecología Política, 54, 18-25.
Hickel, J. (2023): *Menos es más. Cómo el decrecimiento salvará al mundo*. Capitán Swing.
Hidalgo, J. (2014): *Piedras en el cielo. De Basarán a Formigal*. Zaragoza. Editorial Pirineo.
Hofmann, B. (2024). *Die Kuh ins Dorf lassen*. Atlantis.
Ibiloye, E. O. (2010). *Rural Urban Migration in Kwara State 1970-1985/ Migration rurale urbaine dans l'etat de kwara 1970-1985. Canadian Social Science, 6*(4), 97.
Iglesia, A. C., Arias, A. I. G., Fra, M. D. M. P., & López, A. R. (2013). *El común de unos pocos. La infrautilización del monte vecinal en la montaña oriental gallega*. Ager. Revista de Estudios sobre Despoblación y Desarrollo Rural, (15), 75-113.
Igualdad Animal (2023): Cada año el consumo de carne descenderá en 1,5 kg por persona. Noticias. En línea: https://igualdadanimal.org/noticia/2023/03/17/cada-ano-el-consumo-de-carne-descendera-en-15-kg-por-persona/
Illich, I. (1973): *La convivialité*. París: Éditions du Seuil.
INE (2021): Viviendas por intensidad de uso según el consumo eléctrico. Censo de población y vivienda de 2021. EN línea: https://ine.es/jaxi/Tabla.htm?tpx=59531&L=0
Instituto Andrea Wolf (2020): *Mujer, vida y libertad. Desde el corazón del movimiento de las mujeres libres del Kurdistán*. Barcelona: Descontrol.
Jackson, S., & Sleigh, A. (2000). *Resettlement for China's Three Gorges Dam: socio-economic impact and institutional tensions. Communist and Post-Communist Studies, 33*(2), 223-241.
Jones, A. (2022): *Divide*. Londres: Kyle Publishing.
Kay, C. (2009). *Estudios rurales en América Latina en el periodo de globalización neoliberal:¿ una nueva ruralidad?. Revista mexicana de sociología, 71*(4), 607-645.
Kureethadam, J.I. (2018): *The Philosophical Roots of the Ecological Crisis*. Cambridge, Cambridge Scholars Publishing.

Labib, A., & Harris, M. J. (2015). *Learning how to learn from failures: The Fukushima nuclear disaster. Engineering Failure Analysis, 47,* 117-128.

La Danta LasCanta (2017): *De la teología al anti extractivismo: Ecofeminismos en Abya Yala. Ecología Polítca,* 54, 37-43.

La Moncloa (2024): Info DANA. Actualización de datos del Gobierno de España. En línea: https://www.lamoncloa.gob.es/info-dana/Paginas/2024/271124-datos-seguimiento-actuaciones-gobierno.aspx

Latouche, S. (2008). *La Apuesta por el decrecimiento: ¿cómo salir del imaginario dominante?* (Vol. 273). Icaria editorial.

Latour, B. (2023): *Habitar la Terra.* Barcelona: Arcadia.

, C. y Dardot, P. (2015): *Común.* Barcelona: Gedisa.

Leahy, T. (2021): *The politics of permaculture.* Londres: Plutobooks.

Lefebvre, Henry. 2013. *La producción del espacio.* Capitán Swing.

Le Goff, J-P- (2012): *La fin du village. Une histoire française.* Gallimard.

Lehr, V. (1999). *Queer family values: Debunking the myth of the nuclear family.* Temple University Press.

Linck, T. (2001). *El campo en la ciudad. Reflexiones en torno a las ruralidades emergentes.* Relaciones, 85, 22, 85-104.

Lizama, G. (2012). *Geografía electoral del abstencionismo en los municipios de México (1994-2009). Espacialidades.* Revista de temas contemporáneos sobre lugares, política y cultura, 2 (2), 23-51.

Luchía, C. (2004). *Aportes teóricos sobre el rol de la propiedad comunal en la transición al capitalismo.* Mundo agrario, *5*(9), 00-00.

Luxemburgo, R. (2018): *La acumulación del capital.* Edicions internacionals Sedov.

Mackenzie, J. S., & Jeggo, M. (2019). *The one health approach—why is it so important? Tropical medicine and infectious disease, 4* (2), 88.

Mak, G. (2010): *An island in time. The biography of a village.* Vintage Books.

Marbán, R. (2022): La crisis del campo cuesta vidas: 370 agricultores se suicidan al año en Francia. En: El Debate. En línea: https://www.eldebate.com/sociedad/20220803/crisis-campo-media-370-agricultores-ano-quitan-vida-francia.html

Marín, J. (2013): *Tota pedra fa paret.* Autoedición.

Marshall, T. (2021): *The Power of Geography: Ten Maps that Reveal the Future of Our World.* Elliott & Thompson.

Marsden, T. (1998): *New rural territories: regulating the differentiated rural spaces. Journal of rural studies, 14*(1), 107-117.

Martín, N. (2025): El impacto real de la IA en España: el 29 % de personas la usa a diario. En: EL Independiente. En línea: https://www.elindependiente.com/futuro/inteligencia-artificial/2025/02/04/impacto-real-ia-espana/

Marx, K. i Engels, F. (1844): *Manuscritos económicos y filosóficos.* Edició de J.R. Fajardo de 2001. Biblioteca Virtual «Espartaco».

Marx, K. (2018). *Capital volume 1.* CreateSpace Independent Publishing Platform.

Mbembe, A. (2023): *La comunidad terrestre.* Barcelona: Ned Ediciones.

Meadows, D. H., Meadows, D. L., Randers, J., & Behrens, W. W. (1975). *Los límites del crecimiento: informe al Club de Roma sobre el predicamento de la humanidad.* México D. F: Fondo de cultura económica.
Melo, R.T. (2020): *We Didn't Start the Fire... Did We? Analyzing Why California Cannot Seem to Extinguish Its Worsening Wildfire Problem. Villanova Environmental Law Journal, 31*(1), 5.
Mies, M. i Bennholdt-Thomsen, V. (1998). *The subsistence perspective : beyond the globalised economy. Zed Books.*
Mies, M. (2019): *Patriarcado y acumulación a escala mundial.* Traficantes de sueños
Ministerio de Cultura de Colombia (2022): Atlas de lenguas nativas de Colombia. En línea: https://lenguasdecolombia.caroycuervo.gov.co/contenido/Lenguas-indigenas/introduccion&
MITECO (2021): Inventario de presas y embalses. En línea: https://sig.mapama.gob.es/snczi/
Montagut, E. (2016): La política forestal en tiempos de Fernando VI. En: Andalán, 30/09/2016. En línea: https://www.andalan.es/?p=12673
Mora, O. (2008). *Les nouvelles ruralités à l'horizon 2030.* Editions Quae.
Moraes, S. (2017). *A favela é um cenário: tematização e cenarização nas favelas cariocas.* Revista de Arquitectura (Bogotá), *19*(1), 6-13.
Morelock, J. y Narita, F. (2021): *The society of the selfie: social media and the crisis of liberal democracy* (p. 190). University of Westminster Press.
Muñoz, F. (2000): *Granadilla, la antigua villa de Granada.* En línea: http://fresno.pntic.mec.es/janm0003/page7.html
Naess, A. (2018): *Ecología, comuidad y estilo de vida. Esbozos de una ecosofía.* Buenos Aires: Prometeo Libros.
Navarro, B. (2023): La victoria del partido de la protesta agrícola en Países Bajos pone contra las cuerdas al Gobierno. En: La Vanguardia. En línea: https://www.lavanguardia.com/internacional/20230316/8829301/victoria-partido-protesta-agricola-paises-bajos-pone-cuerdas-gobierno.html
Nelson, G. C., et al. (2009). *Climate change: Impact on agriculture and costs of adaptation* (Vol. 21). Intl Food Policy Res Inst.
Ngozi, C. (2015): *Todos deberíamos ser feministas.* Barcelona: Literatura Random House.
Nogales, H.K. (2017): *Colonialidad de la naturaleza y de la mujer frente a un planeta que se agota.* Ecología Política, 54, 8-11.
Oliveres, V., Jara, Y. y Sánchez, R. (2025): Quién votó a cada partido en Alemania: diez gráficos del voto por edad, género, geografía o clase social. En: Eldiario.es. En línea: https://www.eldiario.es/internacional/voto-partido-alemania-diez-graficos-voto-edad-genero-geografia-clase-social_1_12080584.html
Olmo, L. (2024): La tractorada reivindicativa del campo mallorquín. En: *Diario Última Hora.* En línea: https://www.ultimahora.es/noticias/part-forana/2024/02/19/2108911/170-tractores-recorreran-este-lunes-calles-palma-para-defender-campo-balear.html
Ortín, A. (2021): *De los señores del ladrillo a los señores de las renovables: ¿al*

filo de otra burbuja?. En: Vozpopuli. En línea: https://www.vozpopuli.com/economia_y_finanzas/empresarios-renovables-espana.html
Ostrom, E. (1990). *Governing the commons: The evolution of institutions for collective action*. Cambridge university press.
Peirano, M (2022): *Contra el futuro. Resistencia ciudadana frente al feudalismo climático*. Barcelona: Debate.
Perelman, M. (2000). *The Invention of Capitalism The Secret History of Primitive Accumulation and Classical Political Economy*. Durham & London: Duke University Press.
PewResearchCenter (2024): *Partisanshipinrural, suburbanandurbancommunities*. En línea: https://www.pewresearch.org/politics/2024/04/09/partisanship-in-rural-suburban-and-urban-communities/
Piketty, T. (2013): *Le capital au XXIème siècle*. París: Éditions du Seuil.
Planelles, M. Et al. (2023): *La explosión sin precedentes de las renovables: más de 1.400 proyectos en camino*. En: El País. En línea: https://elpais.com/clima-y-medio-ambiente/2023-03-12/la-explosion-sin-precedentes-de-las-renovables-mas-de-1400-proyectos-en-camino.html
Piquero, G. (2021): *En el vientre de Mari. La raíces preindoeuropeas de la mitología vasca*. Cauac editorial nativa.
PNAV (2024): Los impactos ambientales de la IA. En: Algoritmos verdes. En línea: https://algoritmosverdes.gob.es/es/noticias/los-impactos-ambientales-de-la-ia
PNUD (2024): Global multidimensional poverty index 2024. En línea: https://hdr.undp.org/system/files/documents/hdp-document/mpireport2024en.pdf
Presentes (2021): En 2021 se aceleró el despojo de tierras a comunidades indígenas y campesinas. En Nodal. En línea: https://www.nodal.am/2021/12/paraguay-en-2021-se-acelero-el-despojo-de-tierras-a-comunidades-indigenas-y-campesinas/
Propersi, P. y Albanesi, R. (2024): *Buscando la producción familiar en el agro santafesino. ¿Qué fue del viejo chacarero?* En: López, N. et al. (coord.): *Las agriculturas familiares en la Argentina: una década de debates*. La Plata (Argentina): AsociaciónArgentina de Sociología Rural-AASRu.
Querol, V. A., Ginés, X., y Aparici, A. (2019): Nueva ruralidad y generación de discursos sociales desde el ámbito productivo: *pastoreando significados*. AGER: Revista de Estudios sobre Despoblación y Desarrollo Rural, 28, 161-183.
Rabhi, P. (2010): *Vers la sobrieté hereuse*, Arles, Actes Sud.
Ramis, A. (2017): *Bienes comunes y democracia. Crítica del individualismo posesivo*. Santiago de Chile: LOM.
Renedo, F. (2013): *Las piedras calladas. Algunos pueblos olvidados de Cantabria*. Torrelavega: Quinzaños.
Richards, D. A. (2013*). Liberal democracy and the problem of patriarchy. Israel Law Review, 46*(2), 169-191.
Rieutort, L. (2012). *Du rural aux nouvelles ruralités. Revue internationale d'éducation de Sèvres*, (59), 43-52.
Rivas, P. (2021): *Una central eléctrica llamada España vaciada. El Salto*. En

línea: https://www.elsaltodiario.com/energias-renovables/central-electrica-eolica-fotovoltaica-llamada-espana-vaciada-macroproyectos

Romero, J. (2019): *Sobre las geografías del malestar en Europa.* Papeles de relaciones ecosociales y cambio global, n.º. 147, 2019, págs. 63-74.

Ruiz, N., & Delgado, J. (2008). Te*rritorio y nuevas ruralidades: un recorrido teórico sobre las transformaciones de la relación campo-ciudad.* Eure (Santiago), *34*(102), 77-95.

Sala, P. (1997). *Conflictividad rural en el monte comunal gerundense: pueblos y mansos ante el Estado interventor en la segunda mitad del siglo XIX.*

Santos, A. O. (2001). *La desarticulación de la propiedad comunal en España, siglos XVIII-XX: una aproximación multicausal y socioambiental a la historia de los montes públicos.* Ayer, 191-211.

Saito, Kohei. *La naturaleza contra el capital: El ecosocialismo de Karl Marx.* Manresa: Edicions Bellaterra, 2022.

Sánchez, F. (2002). *Derrota de mieses y cercados y acotamientos de tierras: un aspecto del pensamiento agrario en la España del siglo XVIII.* Revista española de estudios agrosociales y pesqueros, (195), 81-120.

Sandweiss, M. (2022): John Gast, American Progress, 1872. Picturing United States History. EN línea: https://picturinghistory.gc.cuny.edu/john-gast-american-progress-1872/

Sanz, A. (1980): *Bienes y derechos comunales y el proceso de su privatización en Castilla durante los siglos XVI y XVII: El caso de Tierras de Segovia.* En: Hispania, 44, págs. 95-127.

Scurati, A. (2024): *Fascismo y populismo.* Barcelona: Debate.

Secretaría de Estado de Energía (2023): Balance energético de España 2021-2022. Actualizado a 18-12-2023. En línea: https://www.miteco.gob.es/content/dam/miteco/es/energia/files-1/balances/Balances/Documents/balance-20231218/Balance%20Energetico%20Espa%C3%B1a%202021%20y%202022_v0.pdf

Segovia, M. (2024): *La fiebre de los centros de datos, ¿una burbuja tecnológica o una demanda real?.* En: El Independiente. En línea: https://www.elindependiente.com/economia/2024/11/16/la-fiebre-de-los-centros-de-datos-una-burbuja-tecnologica-o-una-demanda-real/

Serje, Margarita (2003): *«ONGs, indios y petróleo: El caso U'wa a través de los mapas del territorio en disputa», Bulletin de l'Institut français d'études andines,* 32 (1) | 2003, 101-131.

Serrano Álvarez, J. A. (2005). *La defensa del comunal y de los usos colectivos, León (1800-1936): ¿ una «economia moral»?.*

Servigne, P. y Chapelle, G. (2019): Entraide, l'aure loi de la jungle. Lonrai (Francia): Les liens qui libèrent.

Servigne, P., Stevens. R. y Chapelle, S. (2023): Otro fin del mundo es posible. Barcelona: Arpa.

Shiva, V. (1988): Staying Alive: Women, Ecology and Development. New York: North Atlantic books.

Shiva, V. (2020): *Reclaiming the Commons: Biodiversity, Indigenous Knowledge and the Rights of Mother Earth.* Londres: Synergetic Press.

Shrubsole, G. (2019): *Who owns England.* Londres: William Collin Books.

Shucksmith, M. (2018). *Re-imagining the rural: From rural idyll to Good Countryside. Journal of Rural Studies, 59,* 163-172.

Silvestre, M. (1764): *Librería de Jueces, utilísima, y universal, para todos los que desean imponerse en la jurisprudencia práctica, Derecho Real de España, y Reales Resoluciones más modernas de rigorosa observancia.* Tomo Primero. Madrid: Imprenta de Comisaría de Cruzada.

Sinaï, A. et al. (2015): *Petit traité de résilience locale.* París: Charles Léopold Mayer.

Soper, K. (2020): *Post-Growth Living: For an Alternative Hedonism.* Londres: Verso.

Soulèvements de la Terre (2025): Carnaval anti-Bolloré. En línea: https://lessoulevementsdelaterre.org/es-es/blog/carnaval-anti-bollore-a-caen

Stark, Oded y Yitzhaki, S. (1988): *«Labour migration as a response to relative deprivation», Journal of Population Economics,* 1, págs. 57-70.

Teitelboim, V. (2002): *Hijo del salitre.* Santiago de Chile: Arcis-LOM.

Teubal, M. (2004): *Globalización y nueva ruralidad en América Latina.* En: Giarracca, N. (2004). *¿Una Nueva Ruralidad en América Latina?. Buenos Aires, Clacso, págs. 45-66.*

Thevenin, C. (2024). Agriculteurs : y atil vraiment un suicide tous les deux jours ?. En línea: https://www.republicain-lorrain.fr/societe/2024/01/29/agriculteurs-y-a-t-il-vraiment-un-suicide-tous-les-deux-jours

Thomas, W. I. y Znaniecki, F. (1958): *The Polish peasant in Europe and America.* Dover Publications.

Thoreau, H.D. (2014): *Desobediencia civil y otros textos.* Utopía Libertaria.

Useche, O. (2016): *La resistencia social India y el bien de todos. Aportes de Gandhi para una economía no violenta.* Polis vol.15 no. 43 Santiago abr. 2016. http://dx.doi.org/10.4067/S0718-65682016000100004

Vicente, S. (2021): En los pueblos llueven ofertas para poner aerogeneradores, pero nadie pregunta si necesitamos una escuela. En línea: https://www.lamarea.com/2021/11/29/en-los-pueblos-llueven-ofertas-para-poner-aerogeneradores-pero-nadie-pregunta-si-necesitamos-una-escuela/

Villalobos, R. (2022): *Comunismo originario y lucha de clases en la Iberia prehistórica.* Madrid: Sabotabby Press.

Virno, P. (2016): *Virtuosismo y revolución.* Traficantes de Sueños.

Visit Natives (2024). About the maasai experience. En línea: https://www.visitnatives.com/maasai-expedition-kilimanjaro

Vitale, E. (2017). *La fábula feliz de la democracia.* Problema anuario de filosofía y teoría del derecho, (11), 151-176.

Wallerstein, I. (1984). *The politics of the world-economy: The states, the movements and the civilizations.* Cambridge University Press.

Zafra, R. (2024): *El informe. Trabajo intelectual y tristeza burocrática.* Barcelona: Anagrama.

Zaragoza, J.M. (2022): *Porque nunca fuimos modernos. la ontología relacio-*

nal de Bruno Latour. Alpha n.º 55 Osorno dic. 2022. http://dx.doi.org/10.32735/s0718-22012022000551101

Zavia, M.S. (2024). La red eléctrica se está resintiendo, y no por los coches eléctricos: por la enorme demanda de inteligencia artificial. En línea: https://www.xataka.com/energia/red-electrica-se-esta-resintiendo-no-coches-electricos-enorme-demanda-inteligencia-artificial

Zubillaga, P. (2021). Dubet, F. (2020). *La época de las pasiones tristes. De cómo este mundo desigual lleva a la frustración y el resentimiento, y desalienta la lucha por una sociedad mejor.* Buenos Aires, Argentina: Siglo XXI. 123 pags. Estudios-Centro de Estudios Avanzados. Universidad Nacional de Córdoba, (46), 142-146.